꽃사슴 인형

꽃사슴 인형

나 동 환 작품집

그림과책

▪자서

나는 그때의 현재The present in past라는 다소 모호하고 애매한 어법의 표현을 쓴다. 그것은 내가 나의 과거를 지금도 여전히 잊지 못하고 현재처럼 생생하게 떠올리고 있다는 증거이기도 하다. 그러나 나는 그때의 현재를 통제할 수 있는 기회와 원만한 관계를 유지할 수 있는 방법을 대부분 상실했다. 이와 같은 사실은 내가 그때의 현재를 모호하고 애매한 어법으로밖에 표현할 수 없는 결정적인 허점이다. 그보다 더 중요한 것은 내가 사랑을 베풀 수 있는 역량을 제대로 발휘하지 못했다는 아쉬움이다. 그래서 나는 아직도 죄책감과 자괴감에서 벗어나지 못하고 있다. 이러한 현상으로 나의 가슴은 항상 슬픔의 그늘로 짙게 드리워져 있다. 아마도 나는 그 숲속을 파고드는 한줄기 태양빛이 내 마음의 빛이 될 때까지는 수많은 시간을 슬픔의 도피적 심리상태에서 지내야 한다. 자연의 평화와 새 생명의 기운이 나의 마음속에 깃들 때까지 나는 줄곧 그래야 할 것이다.

2018년 10월

나 동 환

차 례

시 – 이 세상의 슬픈 시간들

수필 – 농자의 하늘 나무

소설 – 꽃사슴 인형

시

이 세상의 슬픈 시간들

나의 작은 집

산그늘 지네 나의 작은 집
굴뚝에서 피어오르던
흰 연기 멎고
외양간 낮은 초가지붕 위에
하얀 박꽃이 피네
멍석 한가운데는
저녁 밥상이 차려지고
한 무더기 모깃불 쑥대가
마당 가에 쌓여있네
어머니는 어미 누렁소가
송아지를 부르듯 나를 부르네
어머니 음성이
내 뛰놀던 풀꽃 동산을 스치며
여린 풀꽃잎들을 흔드네
산새들은
어둠처럼 짙어가는 산그늘에
마음이 조급한 듯 숲속으로
더 깊이 파고드네
나, 이제 풀꽃 동산을
떠나야 할 시간이네

어머니의 저녁 산그늘 아늑한
나의 작은 집으로
나는 바삐 걸어가야 하네

봄이 오는 소리

큰 강물이 흘러든 샛강에는
아직 얼음이 풀리지 않았다
산벼랑 나목 사이에는
가랑잎이 수북이 쌓였다
약한 바람에도 곧잘 뒹굴던
가벼운 것들이 한곳에 모여
무거운 침묵으로
샛강을 내려다보고 있다
우수 지나 천둥소리처럼
만물의 겨울잠을 깨운다는
경칩 날은
아무 소리도 나지 않았다
나는 조심스레
낮은 강둑길을 걸어서
청색 수면 선까지 얼음 언
작은 동력선의 선착장에 이르렀다
수양버들이 파란 물을
뿌리에서 실가지로
끌어올리고 있었다
봄이 오는 소리가 꿈결처럼

침묵 속에서 그렇게

고요히 들려오고 있었다

어머니, 빨간 고추

어머니가 빨간 고추를 말리려고
면도날로 비닐 포댓자루
하얀 실밥을 뜯어내자
소슬바람 날 선 초가을이
비닐 포댓자루 같은
하얀 여름 실밥을 뜯는다
어머니가 하얀 여름 실밥을 뜯어낸
한낮 땡볕에
빨간 고추를 펀펀히 널자
고추잠자리들, 떼로 몰려와
즐비하게 누워 있는 빨간 알몸 위로
날개바람 일으킨다
그럼에도 하얀 여름에 누운 빨간 고추가
하늘 쪽으로만 연거푸 수분을 날리자
마음 줄 데 없는 고추잠자리들
다시 떼 지어 빨간 동색의 슬픔을 몰고
저 푸른 하늘호수 깊숙이 파고든다
어머니는 오로지
막 들어선 초가을에 입맛 돋울
고춧가루 매콤한 음식, 골똘히 궁리 중인데

소슬바람 이는 막바지 하얀 여름
빨간 고추는 조금씩 조금씩
내부의 금싸라기 씨 바스락거리며
스스로 가벼워지고 있다

반란의 코스

창문에 드리워진 커튼에서 무늬들이
슬금슬금 빠져나와 반란의 코스를 나선다
맨 먼저 인왕산과 북악산 사이 낀
구름에 섞여 놀다가 광화문 광장 풀밭에 내려와
예쁜 꽃들과 함께 수문장 교대식 취타 음을 듣고
역사의 시간선을 따라 청계천 징검다리에서
돌 사이로 거슬러 올라가는 물고기 떼를 본다
그리고 서울 시민청 도란도란 카페에 들러
지구마을 커피를 마시고 덕수궁 돌담길을 지나
서울시립 미술관에서
빈센트 반 고흐의 해바라기를 감상한다
그런 후 미 대사관 관저 골목길 쪽으로 사라지면서
무늬들의 반란의 코스는 끝난다
항상 나보다 앞서 저만치서 자유를 누리는 무늬들
이들이 진정으로 가장 두려워하는 것은
럭튼 유모의 마법처럼 나의 집착에 사로잡히는 것
그리고 다시 커튼 무늬로 들어가는 것이다
그러나 내가 방에 들면 무늬들은
아무 일도 없었다는 듯 커튼에 박혀있다
나는 이따금 나의 집착을 풀고

반란의 코스를 무늬들에게 내주며
그들의 자유가 나의 소유인 양 단꿈을 꾼다
그런데 그 단꿈의 황홀한 여운은 어디서 오는 걸까?
그 단꿈의 기억은 어디로 왜 사라진 걸까?
이 세상에는
기억나지 않는 단꿈 같은 것이 너무나 많다
집착만으로는 나의 소유가 될 수 없는 것
'집착하지 말아요,
이 세상에 영원한 것은 아무것도 없다오,
모두 살며시 떠나간다오'
커튼 무늬들이 나에게 깨달음처럼
단꿈의 황홀한 여운을 드리운다
그러나 나는 아직도 무늬들에 대한 야릇한 집착의
마법을 즐기고 있다

천년의 하늘북

태화산 숲길을 걸어
마곡사 해탈문에 든다
천왕문을 거쳐 대광보전 앞마당
오층 석탑을 돌고 연등 터널 계단을 올라
고색창연한 대웅보전에서 참배를 한다
그리고 법고 앞에 선다
법고는 암수의 소가슴 가죽이
내부에 공간을 두고 양면에서
마주 보며 떠는 공명의 가슴 북이다
그 공명은
중생을 제도하는 하늘 신호음이다
법고는 속이 텅 빈 상태일 때
가장 깊은 영혼의 소리를 낸다
법고가 울리고 하늘 구름이 흩어진다
'가슴이 답답하다면
공명의 가슴 북을 쳐봐요
가슴속에 꽉 찬 번뇌와 오욕은 다 비우고
하늘북의 신호음을 들어봐요'
직선으로 뻗은 기찻길 침묵이
점점 간격을 좁혀가며

시선의 끝점에서 사라지듯
법고의 울림이 저 먼 하늘에서
새털구름처럼 흩어져 아련히 사라진다
하늘은 보이지 않는 영혼처럼 고요하다
마곡사의 법고는
참회와 해탈의 기원으로 두들기는
가슴 텅 빈 자만이
하늘 신호음을 들을 수 있는
천년의 하늘북이다

나의 작은 정원

나의 작은 정원, 내가 일군 터에서
나무와 꽃이 자란다
그 나무와 꽃은 내가 심은 나의 분신이다
나는 나무와 꽃을 정성껏 가꾸며
가까이서 지켜본다
날마다 나는 관심이라는 자양분과
사랑이라는 감로수를
나무와 꽃에 아낌없이 준다
나의 관심과 사랑으로
나무와 꽃은 무럭무럭 더 잘 자란다
머지않아 튼실하고 탐스러운
푸른 나무, 예쁜 꽃이
나의 작은 정원을 가득 지켜줄 것이다
나의 영원한 파라다이스!
언제나 따사히 햇살 드는 찬란한 아침이
숲 그늘 실바람 이는 평온한 한낮이
꽃향기 짙게 깔린 고요한 밤이 깃드는 곳
나는 오늘 밤도 잠자리에 들기 전
간절히 기도를 한다
이 세상에서 가장 아름답고 소중한

나의 작은 정원,

나의 푸른 나무와 예쁜 꽃을 위해…

-나의 사랑하는 영준 나무, 선우 꽃-

어느 폐교에서

소녀가 책을 읽는다
산봉우리들이 가둬놓은 흰 구름장이 책장을 넘본다
혼자서는 책장을 넘길 수 없는
폐교의 슬픔을 모조리 품고 있는 소녀
교실 앞 풀밭 언덕에서 독서는
'마음의 양식' 이름표를 달고
어린이헌장 단석 위에 앉아 책을 읽으며
한서*의 독립정신처럼 굳은 의지로
낡은 폐교를 혼자 지키고 있다
그 소녀의 독서에 가속이 붙고 있을 때
국기 게양대 깃봉에서
풀숲으로 뒤덮인 운동장 가 플라타너스 나무들까지
햇살처럼 뻗은 만국기가 내 가슴속에서 펄럭인다
하얀 횟가루로 그어진 운동장 트랙 선에서는
나의 유년이 힘차게 달린다
전나무 꼭대기 산까치들은 전후좌우 날갯짓으로
둥둥둥 북을 울리며 나를 응원한다
3자의 스탬프가 내 팔뚝에 진하게 찍힌다
'어머이! 저 3등 했어요'
어머니의 느티나무 그늘 자리가

어느새 치자꽃처럼 환하고 푸짐해진다
이어서 운동장 한가운데서는 예쁜 색동 한복 소녀들이
댕기 치레 긴 머리를 허리까지 치렁대며
강강술래 빙빙 돈다
그 시간 산봉우리들은 깜박 오수에 들고
흰 구름장이 산봉우리들 사이로
슬금슬금 왜놈처럼 빠져나간다
많은 세월이 흐른 지금 나는 퇴색한 소녀상을 보며
내 먼 기억의 책장을 한 장씩 한 장씩 넘기고 있다

*한서 : 남궁 억의 호 독립운동가, 교육자, 언론인, 폐교 부근에 한서기념관이 있다

사랑과 이별의 원근법

가깝고 먼 것은
내 곁과 내 곁을 떠나 있는
간극의 슬픔이다
사랑의 기쁨과 즐거움,
이별의 아픔과 슬픔은
짙고 옅은 물감으로
내 삶의 화폭에 담은
나의 발자취이다
어느 날 푸른 바다에서
금방 건져 올린
커다란 눈알을 흘리듯
나를 바라보던 한 소녀가 있었다
그녀는 빨간 사과를 입에 물고
불쑥 내밀듯
붉게 노을 진 해변에
밀려오는 물결처럼 그토록
짙은 사랑으로 내 곁에 다가왔다
그 물결 같은 시간,
어느덧 예측 없이 다 지나가고
그녀의 사랑은

내 먼 기억의 끝점에서
모두 사라졌다
내 삶의 화폭에서
먼 곳에 있는 그녀는 눈이 없고
먼 곳에 있는
그 푸른 바다는 물결이 없다
누군가 진정한 마음으로
내 삶의 화폭을 감상한다면
해변에 안개처럼
뿌옇게 가라앉은 지난날
나의 사랑과 이별의 슬픈 간극을
아름다운 화폭이라 말할 수 있을까?
내 삶의 화폭에서
내가 그린 그녀의 원근법은
사랑은 짙고 이별은 옅다

너의 웃음
-12월의 다육식물

창밖의 시가지는 크고 작은 산들에
에워싼 한 폭의 작은 그림지도 같다
건물과 건물 사이는 큰 강이 흐르듯
자동차가 도로를 달리고
또 다른 밀집된 건물과 건물 사이는
지천이 흐르듯 좁은 갈래의
여러 골목길을 사람들이 다닌다
저 멀리 하늘 닿은 높은 산은
흰 구름이 뒤덮고
낮은 언덕처럼 뻗은 산줄기 숲속
어딘가는 산새 깃들이는
둥지 하나 있겠으나
한 마리 산새가 둥지를 잃고
허공을 맴도는 것은
시가지나 숲속의 둥지도 볼 수 없는
실명한 슬픈 허상이기 때문이리
그저 하늘 구름 피었다 흩어지듯
입가에 잠시
환한 웃음을 띠다가 사라지는
너는 나의 애련한 그리움이다

나는 너의 슬픈 허상의 웃음을 보고자
지금 12월의 목마른 다육식물처럼
창가에 서 있다

여름 숲 궁전

나무 잔가지마다
극채색 탱화를 달아놓은 듯
해탈 문자 박힌 푸른 잎사귀들이
펀펀히 여름 숲 궁전을 만들었다
산새들은 7난을 피하기 위해
관음을 마음에 담고
그 이름을 연거푸 외우듯
더위의 난을 피해 여름 숲 궁전에서
깊은 울음을 운다
해탈은 땅속에서 오체 투지하는
나무뿌리처럼 가장 낮은 곳에서
참회와 기원이 수증기처럼
모락모락 피어오를 때
하늘이 낮은 구름으로 내려주시는
자비 같은 것
여름 숲 궁전 나무 작은 틈새에서
빛 바람 싸하니
한 가닥 영혼의
낮고 긴 해탈 음을 몰고 온다

브릭스달 푸른 빙하

숲속은 이끼밭
야생화 만발하고
산마루는 만년설
가파른 절벽에
푸른 빙하 내리네
오!
브릭스달 푸른 빙하!
긴 침묵의 시간
고요히
호수에 담고 있는
푸른 그 시간
나는
한 떨기 야생화처럼
마냥 그리워하네
그리움의
꽃 가슴 창 하나
내놓고…

가을의 초상1
-가늘어지는 것들

하늘과 땅 사이가 너무 가까이 있었다
뜨거운 햇볕이
수시로 내려와 간섭도 빈번했다
때로는 비구름이 달구비를 내려보내서
단단히 장마 터를 닦고
햇볕, 틈나면 덩달아 기세등등
신난 매미 소리는 귀청을 찢듯 울었다
모든 것들은 굵고 짜증스런 소음이었다
후텁한 여름의 벽이
조금씩 갈라지기 시작했다
그 틈 사이로 입추가 들고 처서가 들고
백로의 이슬이 맺혔다
가을벌레들의 울음소리가 가늘어졌다
가늘어진 울음소리가 더 가늘게
먼 하늘로 흩어졌다
코스모스, 들국화…
가을꽃 향기도 마찬가지
그렇게 가늘어져 하늘로 흩어졌다
그토록 가늘고 여린 것들이
가슴을 짓누르는 슬픔을 흔들었다

나의 생각은
가늘게 더 가늘게 슬픔을 자르며
가느다란 현을 타고
흰 구름 속으로 스며들었다
흰 구름은
나의 생각을 모두 슬픈 추상화로 그려냈다

가을의 초상2

–고요원에서

어둠이 깃들자
가을벌레가 조곡처럼 슬피 운다
검은 눈 하나가 별 하나를 쳐다본다
별 하나가
가늘고 긴 별빛 선 하나를 내려보낸다
귀 없는 별이
눈먼 검은 눈을 찾는 것이겠지만,
귀 없는 별이 검은 눈의 울음을
들을 수는 있을까
눈먼 검은 눈이 별빛 선을
타고 오를 수는 있을까
어차피 가을밤은
서로가 서로를 찾아 헤매는
멀리 가늘어진 어둠뿐인 세상이다
눈먼 검은 눈 하나가
별 하나를 보고 싶어 하고
귀 없는 별 하나가
검은 눈 하나의
울음을 듣고 싶어 하는
그들은 한때 한 몸이었던

슬픈 기억을 가지고 있지 않을까
어둠이 깃든 가을밤
가을벌레 우는 고요원의 풀밭은
그때의 현재가 존재하는
더욱 그러한 슬픈 세상이다

아들의 심장
–손 위에 손

엄마는 아들의 심장에 왼손을 얹었다
아들은 엄마의 손 위에 왼손을 얹는다
아름다운 손들이 무엇을 하고 싶었을까?
엄마는 아들의 심장에서
분신의 고동을 듣고 아들은 엄마의 손에서
따뜻한 사랑을 느끼고 싶었던 것은 아니었을까?
그러나 신은 엄마와 아들의 아름다운 손을
그대로 오래 두고 보지 않았다
왜, 꼭 그래야만 했을까?
이제, 아들의 심장도 손도 없다
아들의 심장이 없어
더 이상, 분신의 고동을 들을 수 없다
엄마의 손 위에는
아들의 손이 없어 더 이상,
따뜻한 사랑의 혈액을 보낼 수도 없다
엄마의 심장에는 슬픔과 고통의 손이
너무도 무겁게 짓누르고 있다

곡선의 슬픔
–정선 가는 길

곡선 위에 직선을 긋다
저만치 분리된 곡선의 길이 똬리를 틀고
산 집 몇 채가 콧등치기 국수처럼
곡선의 슬픔에 가슴을 친다
거리와 시간의 단축, 그 직선의 논리가
아직 해명되지 않는 산마을 길섶에서는
산새들의 고운 울음이
키 작은 풀꽃들을 깨우고
분리된 곡선의 길 위에는 짙은 숲 그늘이 진다
정선 가는 길에는 첩첩 두꺼운 산도 뚫고
대책 없이 질주하는 직선,
그것이 남긴 곡선의 슬픔이 있다

티티새가 왔다

티티새가 왔다
늪과 호반의 붉은 열매 나뭇가지에서
티티새가 날아왔다
백야의 발트해 물결, 가슴으로 가르며
가슴에 물결 같은 소인 찍고 몇 가닥 몸에 걸친
핀란드 티티새가 내게로 왔다
루돌프 콧방울처럼 붉은 열매,
입에 물고 산타처럼 찾아왔다
나는 어젯밤 한숨도 못 자고
눈과 귀는 시커먼 굴뚝처럼 그을렸다
열 손가락은 갈퀴처럼 방바닥에서
무언가를 긁어모으며 베갯머리를 더듬었다
오늘 아침에야, 마당 가 대추나무에서
티티새의 울음을 들었다
나는 티티새가 올 것을 예감한 듯
그렇게 온밤을 선잠 들었나 보다
티티새는 붉은 열매를 쪼아 금빛 씨알을 꺼냈다
환한 금빛 씨알이 대추나무 여린 잎들을
반들반들 흔들었다
티티새는 핀란디아 선율을 탄 몸짓으로

흩어진 흰 구름을 모으고
나는 금빛 씨알 같은
핸리의 사랑의 편지를 죽죽 읽어 내려갔다
–사랑하는 제이에게(…)
너 때문에 처음, 사랑에 눈뜬 핸리가–
티티새여, 늪과 호반의 나라 핸리의 메신저여
되돌아갈 때는 아리랑 소인이 찍힌
서울 까치 한복으로 갈아입고 나의 메신저로 가라
대추나무 붉은 열매를 물고
핸리의 숲으로 가서
나의 금빛 사랑의 씨알을 꺼내어 전해라

기억의 우물

스웨덴 구시가지 스투르토리에트 광장에는
'해골의 샘'이라는 중세의 우물이 있다
이곳은 과거 덴마크의 지배하에 있던 때
90여 명의 스웨덴 귀족들의
목을 베어 묻었던 장소이기도 하다
여기에 우물을 만들어
피의 역사를 기억하며 마셔왔을
중세의 스웨덴 사람들을 생각해 본다
시간의 역사 속에서 가장 큰 슬픔과 고통,
그리고 환희의 순간은
쉽게 사라지지 않고 오래 기억되는 것
새로운 출발의 계기가 되기도 한다
이 우물은 그들의 슬픈 기억인 동시에
스웨덴 독립의 출발이 되었다
오늘날 복지국가의 파라다이스라고
불리워지고 있는 것도 어쩌면 단순한
우연에서 비롯된 것은 아닐 것이다
나는 중세의 구시가지 골목길을 걸으며
기억과 출발을 함께 관계지어 깊이 생각해 본다

벚꽃길

꽃비 님 내리시네
축복의 길 트고
흰 눈처럼 날리며
환희의 길 만드네
내리시고 날리는
축복과 환희
흰 눈처럼 맞으며
꽃 비길 걷네
꽃비 님 내리시네
흰 눈처럼 날리네
환한 벚꽃길
내 가슴 꽃 마음
꽃잎처럼 떼어내어
축복과 환희
내리시고 날리네

장마철 달구비

하늘 푸른빛 지우고 시커먼 비구름이
점령군처럼 아래를 향해
수천수만의 총탄을 난사하듯 빗발친다
아침인지 저녁인지 구별 못해
학교에 가야 할지 잠을 자야 할지
금방 잠에서 깬 듯 명암이 불분명했던
내 유년의 혼란한 기억들이
비 젖은 가로수 은행나무 이파리에서
바르르 떨고 있다
길거리 아스팔트 바닥에는
뜨거운 여름 장마의 지루한 시간들이
핏물처럼 흘러넘치고
비구름 헝클린 머리채가 익사체처럼
둥둥 떠다닌다 그 위를
누군가 조그마한 깜장 우산 하나 받쳐들고
쇠똥구리 쇠똥 굴리듯 굴러가고 있다
아무리 낮은 비구름
하늘 쪽을 두리번거려봐도
푸른 바탕 하늘은 좀처럼 보이지 않고
도대체 태양은 어디서 무엇하며

꼭꼭 숨었길래
코빼기도 보일 기미조차 없는가
어디서 두꺼운 비구름 뚫고 찬란히 내비칠
수천수만의 빛살들을 만들고 있을 것
나는 믿는다 태양이 재기할 담대한 용기를
나는 기다린다 서광처럼 빛나는
희망의 그 날 그 시간을, 그러나
아직은 비구름 시커먼 영토
전시 중, 달구비 세상인 것
주룩주룩 난사하는
수천수만의 총탄 소리처럼
점령군들의 군홧발 소리처럼
요란히 들려오는 달구비 소리뿐
나는 광화문 오피스텔 16층에서
한낮 가택연금 중
밥 먹을 시간인지, 잠 잘 시간인지
명암이 불분명한 나의 혼란스런 시간
넓은 유리창에 환한 빗발 무늬 지고 있다

백담사 가는 산길

백담사 가는 계곡의 산길에
벽안의 한 소녀가
나에게로 다가와
눈에 무엇인가가 들었다고 하네
혀로 핥아내기도 하고
입김으로 훅, 불었지만
눈에서 빠져나오지 않는 꽃단풍
백 개의 옥빛 담에
곱게 드리워졌네
나는 백 담째 백담사에 이르고서야
내 마음속의 꽃단풍을 보았네

그때의 현재

나는 그때의 현재The present in the past라는
다소 모호하고 애매한 어법의 표현을 쓴다
그것은 내가 나의 과거를 지금도 여전히 잊지 못하고
현재처럼 생생하게 떠올리고 있다는 증거이기도 하다
그러나 나는 그때의 현재를 통제할 수 있는 기회와
원만한 관계를 유지할 수 있는 방법을 대부분 상실했다
이와 같은 사실은 내가 그때의 현재를
모호하고 애매한 어법으로밖에
표현할 수 없는 결정적인 허점이다
그보다 더 중요한 것은 내가 사랑을 베풀 수 있는
역량을 제대로 발휘하지 못했다는 아쉬움이다
그래서 나는 아직도 죄책감과 자괴감에서
벗어나지 못하고 있다. 이러한 현상으로
나의 가슴은 항상 슬픔의 그늘로 짙게 드리워져 있다
아마도 나는 그 숲속을 파고드는 한줄기 태양빛이
내 마음의 빛이 될 때까지는 수많은 시간을 슬픔의 도피적
심리상태에서 지내야 한다
자연의 평화와 새 생명의 기운이
나의 마음속에 깃들 때까지
나는 줄곧 그래야 할 것이다

산속의 카페

산정호수 가는 산 길가에는
아름다운 산속 카페가 있다
설치예술 작품 같은 담에는
프로방스 고딕 등이 켜져 있고
자연목 설치문 입구에는
노란 소국 화분이 마지막인 듯
늦가을 가장 짙은 향기를
내뿜으며 반긴다
넓은 테라스 양쪽 가장자리에는
원색 파라솔 커피 테이블이 놓여 있고
한가운데 철제 난로에서는
늦가을 처음 지핀 장작불이 타오른다
난롯가 연인들은 장작불보다
더 뜨거운 사랑의 눈빛을 쬐고
높이 솟은 연통 갓에서는
산 구름이 흰 연기를 묻혀서
하늘 끝으로 몰고 간다
이 산속 카페에서는
노란 소국, 짙은 커피, 매캐한 흰 연기,
그리고 이것들의 냄새를 묻혀가는

차디찬 산 구름까지도
모두가 시간 속에서 허무하게 흩어지는
늦가을의 슬픈 정취이다
그러나 연인들의 사랑의 눈빛만은
산바람에도 흩어지지 않고
장작불처럼 뜨겁게 타오른다

고운 사랑의 이별

꽃단풍이 떨어지네
저 꽃단풍
무의지의 낙엽
아찔한 벼랑 끝 슬픔
눈물 핑 도는
고운 사랑의 이별

이 세상의 슬픈 시간들

흰 구름이 하늘을 말끔히 닦고
푸른 하늘바다를 만들었다
슬픈 가을, 하늘바다의 수심이 깊다
이 세상은 하늘바다의 밑바닥
슬픈 시간들이 가라앉고 있다
누구신가 하늘바다 위에서 보이지 않는
검은 미끼를 던지고 있는 것은 아닌지
이 순간도 이 세상을 떠나는
숱한 슬픈 시간들이
하늘바다 위로 건져 올려지고 있다
하늘바다 위에는
또 하나의 지극히 두렵고 거룩한
미지의 세상이 있어
그 누구신가 저세상은 물론 이 세상까지도
지배하고 있는 것은 아닐까
이 세상은 지금 한창 가을벌레들이 슬피 울고
하늘바다의 수심이 고요히 흔들리고 있다
누군가의 슬픈 시간이
또 저세상으로 불려가고 있는가 보다

아내의 내부

북악산 서울성곽 숙정문이
한눈에 들어온다
한때는 청와대 내부를 탐한
붉은 무리들의 유탄이
애꿎은 소나무에 박히고
1.21사태 소나무로 알려지고 나서야
더욱 삼엄해졌다는 첩첩 경계
그 경계 밖
정치적 술수의 상이
푸짐하게 차려졌던 삼청각 이궁
아들이 아내의 육순 생일상을 차렸다
고풍스런 한옥 처마의 단청 아래
입춘을 몇 날 넘긴 목련 한 그루가
좀처럼 속내를 드러내지 않은 채
아내의 내부처럼 첩첩 비밀
도톰하게 부풀었다
지난 세월 내가 그토록
수없이 뚫으려 했던 아내의 내부
나는 그 경계의 상습적 침입자였다
아직도 아내의 내부에는

내 유탄의 상흔이
고스란히 남아있을 것이다

하늘 나무

여름 첫 장마 지난 소서에 하늘을 본다
나는 땅속에 뿌리 뻗은 나무 기둥처럼 서서
하늘을 향해 시선을 쏜다
두 팔을 들고 열 손가락을 쫙 편다
나의 시선이 나뭇가지처럼 뻗는다
열 손가락 같은 시선에
이파리들이 달라붙는다
예컨대, 엷거나 짙은 구름과
노을 진 핏빛 구름 같은 것들이다
땅속뿌리에서 빨아올린
세상의 오만 가지 것들이
번뇌, 슬픔, 그리움의 눈물처럼
하늘 나무 잎맥 선을 따라 선명히 흐른다
하늘 나무에는 새들이 앉지 않는다
새들은 그저 하늘과 땅 사이,
자유공간을 배회하고 있을 뿐이다
하늘 나무에는 나의 시선이 있기 때문이다
나뭇가지처럼 뻗은 시선의 틈새에서
찬연한 하늘빛이 반짝인다
나는 하늘을 향해 끊임없이 시선을 쏜다
하늘 나무가 쭉쭉 길어지고 거대해진다

서우동 바다

구름다리 건너
옥빛 바다는
카약을 탄 사람들이
익사체를 건져내듯
노를 젓고

모형 섬 지도처럼
뿌리박힌 현무암은
숭숭 뚫린 가슴으로
옥빛 바다를 스민다

어족처럼 몰려드는
여름의 끝물

바닷가 키 작은 해국은
온종일 키를 늘이며
옥빛 바다
수평선이 맞닿은 하늘
그지없이 그리워한다

수필

농자의 하늘 나무

시간 위에 흐르는 공상

수채화 물감을 칠한 듯 짙푸른 숲이 무성하다. 창밖은 초여름의 기운이 완연하다. 한나절을 꼬박 퇴색한 방구석에 틀어박혀 책을 본답시고 청승맞게 쭈그려 앉아 있자니 좀이 쑤셔와 밖으로 뛰쳐나가고 싶은 충동이 용솟음친다. 이러한 생활을 얼마간은 계속해야 한다고 생각하니 만학도의 의무감 같은 것이 권태롭고 짜증스럽기만 하다.

적령기를 벗어나 공부를 한다는 것이 격에 맞지 않는 일이라고 평소에도 생각은 했지만 오늘처럼 절실히 느껴지기는 처음이다. 이러할 때 나의 처신을 어떻게 해야 하는지 도무지 생각이 나지 않는다. 한나절의 태양이 가져다주는 권태라고 자위를 하며 체념해 보기도 한다. 그러면서 다시 마음을 가다

듬어 책을 대하노라면 곧바로 찾아드는 불청객은 어인 일인가? 그것은 나의 귀중한 시간을 빼앗아가는 공상이란 놈이다.

공상은 누구나 하는 법이다. 그러나 그것이 필요 이상으로 찾아드는 불청객이 되고 보면 여간 성가신 존재가 아닐 수 없다. 공상이 이토록 정도를 넘어서 찾아들 때면 차라리 책을 내팽개치고 싶은 심정이다. 그렇지만 그것은 일시적인 경솔한 감정회피에 불과하다. 어찌 되었든 간에 공상을 나로부터 완전히 내몰아 없애고 마음을 안정시켜 오직 책만 파고드는 책벌레라도 되지 않으면 안 되겠다. 그러나 그러기 위한 묘안은 좀처럼 떠오르지 않는다. 다만 시간이라는 말을 빌려서 해결해 주길 바라는 약한 마음의 의지가 부끄럽다.

시간은 누구에게나 조건 없이 부여되는 인간의 가장 소중한 선물이기도 하다. 그것을 목적에 따라 필요하게 잘 이용하는 사람만이 생활에서 성공적으로 그 효용 가치를 찾을 수 있다. 이는 다시 말해서 주어진 시간을 어떠한 목적에 얼마나 잘 이용했느냐에 따라 생활에서 성공할 수 있다는 말이다. 나는 지금, 공부라는 목적에 시간을 이용하고 있다고 하지만 결코 그것을 잘 이용한다고는 자신 있게 말할 수 없다. 주어진 시간의 대부분을 공상이라는 숲속으로 나를 몰고 가고 있으니 말이다.

한나절의 시간이 지나가고 있다. 말없이 내 곁을 스쳐 가고 있다. 귀중한 시간이다. 시간은 우리에게 어떠한 암시도 주지 않는다. 다만 묵묵히 우리들의 생활 속에서 흐르고 있다. 그러나 지금 나의 머릿속은 공상으로 꽉 차 있다. 이것을 몰아내는 유일한 방법은 오직 한 가지로 공부에만 몰두하는 것이다. 그리고 흐르는 시간 위에 나의 전체를 띄우며 짙푸른 유월의 숲처럼 무성히 나의 생활을 연주해 나가는 것뿐이다.

엄지손 끝마디가 아리다

오른쪽 엄지손 끝마디가 아리다. 정확히 말해서 오른쪽 엄지손 끝마디의 안쪽이 아리다. 도장 대신 간편하게 찍을 수 있는 지문의 끝부분이다. 이러한 아린 자극이 쉽게 가시지 않고 1년을 넘겼다. 그 증상은 TV 리모컨을 누를 때나 휴대폰 인터넷과 문자 보내기 할 때 더욱 심하다. 아마도 약한 전자파에도 반응할 만큼 피부가 민감해진 모양이다. 아린 자극의 고통은 직접 겪어보지 않은 사람은 표현하기 어렵다.

아내는 시장에서 마늘 비늘줄기(마늘 대가리)를 자연상태로 몇 묶음 사 왔다. 양이 꽤 많은 편이다. 나는 마늘 까기에 선뜻 나서지 못하는 이유가 있다. 1년 전의 일이다. 나는 그때도 많은 양의 마늘을 깠다. 그 후로 나의 오른쪽 엄지손은 아리기 시작했다. 그래서 다음번 마늘을 깔 때부터는 마늘의 강한 자극을 피하기 위해 빨간색 코팅 면장갑을 끼었다. 그러나 여전히 마늘 까기는 두려웠다.

한 번은 아내가 지인으로부터 청매실 몇 자루를 선물로 받은 적이 있다. 아내는 그것을 매실 발효식품으로 만들 요량이었다. 아내의 매실 발효식품 제조과정은 그리 간단하지가 않았다. 우선 망치로 살짝 매실을 두들겨 열매살과 씨를 분리시킨다. 그리고 열매살과 씨가 분리되지 않을 경우, 칼로 열매살을 떼어낸다. 이렇게 하여 매실의 열매살만 설탕과 일정한 비율로 섞어 유리병에 담는다. 이 과정에서 가장 힘든 것은 열매살과 씨를 단번에 분리시키는 일이다. 숙련이 필요한 기술이다. 나는 망치를 들고 매실을 가볍게 내리쳤다. 겨우 50% 성공이다. 나머지는 열매살이 씨에 으깨어진 채로 단단히 붙어있었다. 이 부분을 칼로 떼어내는 일은 결코 만만치 않았다. 결정적으로 나의 오른쪽 엄지손이 아린 타격을 받는 순간이었다. 나는 TV에 나오는 명인의 매실 발효식품 제조법을 아내에게 제안했다. 열매살과 씨를 분리하지 않고 매실을 통째로 사용한다는 사실을 강조하기 위한 것이다. 그러나 아내는 나의 말에 아랑곳하지 않고 그녀의 고집을 꺾지 않았다. 나는 아내의 그런 사고방식이 답답하고 불만스러웠지만 어쩔 수 없이 아내의 방식을 따르기로 했다. 이러한 어려운 과정과 많은 시간을 거쳐 매실의 발효식품 제조는 완성되었다.

나는 아내의 고집스런 생활방식을 이해하기보다는 이런 생각을 했다. 도시 생활의 편리성과 시간의 단축성을 말이다. 도시 생활의 편리성은 한두 가지가 아니다. 지천에 널려있는 곳이 대소형 슈퍼마켓이고 전문 가게들이다. 그리고 시간의 단축성은 구태여 많은 시간과 노력을 들일 필요가 없다는 점이다. 소비자가 원하는 대로 신선하고 말끔히 포장된 제품을 쉽게 구할 수 있기 때문이다. 보다 빠르고 손을 덜 쓰고도 바로 식탁에 올려 우아한 식사를 즐길 수 있다는 장점이 있다. 이것이 시골에서 느낄 수 없는 도시 생활만의 묘미가 아니겠는가?

한때는 시골 사람들이 도시 생활을 꿈의 대상으로 여겨 현대의 문화생활을 선망해온 적도 있었다. 나는 이러한 도시 생활의 추구자이다. 그래서 도시에서 산다. 아내는 어떠한 사고방식에서 그렇게 어려운 과정을 택하고 있는지 도대체 이해가 안 간다.

아내는 능숙한 솜씨로 내 곁에서 마늘을 까고 있다. 물에 불린 마늘이라서 그런지 속도가 나보다는 몇 배나 빠르다. 나는 무언의 불만을 아내에게 발산한다. 그러는 동안 많은 시간이 흐르고 침묵이 계속되었다. 나의 거센 불만의 불꽃도 서서히 꺼져가고 있었다. 흘러가는 시간과 계속되는 침묵의 위력이다. 나를 다시 돌아보고 마음을 추스르는 시간의 틈이 생긴 것이다. 나는 아내의 우직한 모습을 지켜본다. 그때 불현듯 어머니의 모습이 떠올랐다. 굳은 손마디와 지문이 모두 닳아 없어진 어머니의 엄지손 말이다. 어머니는 수많은 시간을 자식을 위해 시고, 짜고, 맵고, 차갑고, 뜨거운 자극을 견디며 살아오셨다. 어느 날 주민등록증에 지문을 찍을 때는 무뎌진 지문을 살리려고 엄지손을 씻고 또 씻고 그렇게 반복해서 씻으셨다. 그 모습이 지금도 눈에 선하다. 나의 엄지손이 더 아려지는 것 같다. 나는 여태껏 도시의 편리성과 단축성만을 일관되게 추구하며 주장해왔다.

나는 아내가 차린 식사를 하며 나의 생각이 혹시 잘못된 것은 아닌가? 하고 곱씹어 본다. 청매실 고추장에서 오랜 숙성의 시간과 정성이 묻어 나온다. 방금 깐 마늘 한 쪽을 고추장에 찍어 입속에 넣는다. 혀끝을 자극하는 알싸한 맛이 일품이다. 어머니가 만들어 주셨던 깊은 맛이 되살아나는 듯하다.

나는 아내의 손을 바라본다. 그토록 곱던 손이 그동안 내 곁에서 나의 시간을 지키며 관리하느라고 많이도 거칠어졌다. 아내의 손은 어머니의 손을 닮아가고 있었다. 아내는 음식이 맛있느냐고 한마디의 말로도 나에게 묻지 않는다. 그저 나의 표정만을 조용히 바라보며 읽고 있을 뿐이다. 나는 앞으로 아내가 만드는 어떠한 음식에도 불만을 품지 않을 것이다. 비록 그 만드는 과정이 까다롭고 시간이 오래 걸릴지라도 참아야 한다.

나는 도시 생활의 편리성과 단축성만을 주장해서도 안 된다. 그 자연 식자재를 선택하고 다듬고 음식을 만드는 과정 속에는 아내와 어머니의 시간이 늘 존재하기 때문이다. 나는 엄지손의 아린 끝마디를 만져본다. 나의 아내와 어머니의 거친 시간을 만지는 것 같다. 나는 아내가 왜 그토록 긴 시간과 고된 노동을 감수해가면서까지 자연 식자재를 선택하여 다듬는지, 그 이유를 조금은 이해할 것 같다. 나의 마음이 더없이 평온해진다.

회색 소래포구의 단상

회색 펄이 알몸을 드러냈다. 바닷물이 회색 펄의 알몸을 씻었다. 갈매기가 꼭짓점을 찍듯 흰 배때기로 바닷물을 스치고 포물선을 그리며 일정 높이까지 올랐다가 다시 내려왔다. 그렇지만 처음 찍어놓은 하나의 꼭짓점에서 만나지 못하고 또 하나의 빗나간 꼭짓점을 찍으며 미완의 시행착오를 거듭했다. 이 세상에 완전한 것은 하나도 없는 법, 소래포구는 갈매기들이 바닷물에 찍어 놓은 빗나간 집념의 회색 꼭짓점과 하늘 공간에 몸짓으로 그려놓은 미완의 회색 포물선이 그리움의 불꽃처럼 피어올랐다가 사라졌다.

나는 녹슨 철로가 철망 판을 덮고 기다랗게 누워있는 다리에서 육지로 이어지는 철로 위를 걸었다. 다리 건너 육지에는 제 알몸이 부끄러운 듯 낡은 철로가 널따란 나무판 밑에 알몸을 숨기고 그 모습을 드러내지 않았다. 철로 양쪽에는 거품을 내며 불쑥거리듯 게딱지 같은 작은 집들이 촘촘히 들어서서 겨우 혼자 비껴갈 정도의 뒷골목 통로를 내놓고 여유의 공간인 양 나를 강하게 유혹했다. 나는 이를 뿌리치듯 뒷골목을 빠져나와 어시장으로 갔다.

어시장에는 진짜, 바닷물고기들이 비릿한 알몸을 하고 즐비하게 놓여 있었다. 어시장은 사람들의 변론으로 왁자지껄했다. 제값이 매겨지는 과정에서 나는 당연한 소음이었다. 정말 그랬다. 실오라기 하나 걸치지 않은 알몸일 때 제값이 매겨지는 것이었다. 나는 그 앞에서 알몸을 꿈꾸었다. 이 세상의 부귀영화도 치솟는 욕망과 권세도 뻔뻔스런 자만도 모두 거추장스럽고 보기 좋게 포장된 하나의 가식에 불과하다는 생각이 들었다. 나는 일순간에 모든 가식을 훌훌 벗어 던지고 알몸이 되고 싶었다. 금방이라도 저 멀리서 변론하듯 제값을 매기며 내 지나간 삶의 기차가 기적소리를 내며 쏜살같이 달려올 것만 같았다.

갈매기들이 그려 놓은 미완의 회색 포물선이 흩어진 하늘은 온통 짙은 회색 구름으로 뒤덮였다. 그리고 물기에 흠뻑 젖은 반자처럼 축 늘어진 회색 구름이 한없이 무거워 보였다. 드디어 회색 구름이 무거운 무게를 견디다 못해 툭 터지고 말았다. 내 겉옷을 벗기듯 주룩주룩 비가 내렸다. 어느새 빗물이 내 알몸 속으로 차갑게 스며들었다. 제값을 매기는 소리가 공명처럼 서서히 들리는 듯하였다. 과연 나는 얼마의 제값을 지니고 있을까?

산이 좋아 산 사람이 되어

겨울 날씨치고는 제법 포근했다. 며칠 전부터 나와 4학년짜리 종시가 태조산에 오르기로 약속한 날이었다. 아침 일찍부터 나와 종시는 간단한 등산 장비를 점검했다. 등산 장비라고 해야 별것은 없으나 그래도 겨울이고 산에 오른다는 부담감 때문에 복장 문제가 신경에 쓰였다. 종시는 운동화 끈을 질끈 졸라매고 회색 바지에 검정 비닐 잠바 차림을 하였다. 그리고 어디서 꺼내왔는지 흑갈색 골이 난 등산모를 비스듬히 쓰고 나섰다. 종시가 쓰고 나선 모자는 종시가 이 세상에 태어나기도 전에 속리산 여행에서 내가 사 온 것이다. 종시는 내가 썼던 모자라서 더욱 기분이 좋은 모양이었다. 나는 갈색 파카 차림을 하였다. 그리고 잘 익은 대추 술 한 병, 고춧가루와 파, 깨소금이 얼큰하게 버무려진 꽃게젓, 종시가 먹을 약간의 과자를 비닐봉지에 싸 가지고 파카 양쪽 주머니에 불룩하게 넣었다.

나와 종시는 얼음이 꽁꽁 얼어붙은 유량 천을 따라 우측 산 능선을 택하여 등산길에 올랐다. 좌우에는 검푸른 솔숲이 빽빽하고 날카롭게 서 있었고 간간이 손등을 찌르기도 했다. 나와 종시는 산모퉁이를 돌아 정상을 향해 전혀 길도 나지 않은 산을 처녀지를 개척하는 기분으로 올랐다. 한참을 오르다 보니 계곡이 있고 작은 분지가 있었다. 이곳에는 지금부터 십여 년 전에 유행처럼 심었던 이태리포플러 나무들이 나목의 상태로 밋밋하게 회색 기둥을 이루고 서 있었다. 종시는 나무들을 하나하나 세듯이 만져가며 나무들 사이사이로 잘도 빠져나갔다. 나와 종시의 발자국이 한발 두발 옮겨질 때마다 낙엽이 서로 부딪치고 미끄러져 푸석푸석하는 소리를 내며 산중의 적막을 깨뜨렸다. 이따금 "종시야! 조심해." "아빠도 조심하세요." 하는 부자간의 다정한 대화만이 죽은 듯이 적막한 산중에 우리가 살아있음을 실감하게 했다. 어느새 우리는 산 중턱에 올랐다. 말라비틀어진 억새풀들이 금방이라도 바람에 날릴 듯 머리에 허연 꽃을 얹고 초조한 군집을 이루고 있었다. 과거의 푸른 숲, 억새 집단이 서로 등 비비며 가족처럼 정답고 싱싱하게 살았을 것이 짐작되었다. 나와 종시는 여기서 잠시 쉬어가기로 했다. 나의 파카 주머니에서는 자연스럽게 준비된 음식이 꺼내졌다. 나는 대추 술 한 잔에 꽃게젓, 종시는 감자깡 과자에 꽃게젓을 곁들여 먹었다. 정말로 산에서 얼큰하고 짭조롬한 꽃게젓을 빨아먹는 맛이라니 별미 중의 별미였다. 아마도 나와 종시는 이 맛을 두고두고 기억할 것이다.

이제부터는 가파른 암벽이 있는 난코스였다. 암벽 밑에는 널따란 돌단이 있었고 누런 촛대와 양초도막이 주위에 흩어져 있었다. 그 옆에는 이상한 칼날이 낙엽 속에 반쯤 묻혀 번뜩거렸다. 종시는 갑자기 비명을 질렀다. 나도 섬뜩한 느낌이 들었다. 삽시간에 머리카락이 쫑긋쫑긋 위로 뻗쳐 올라가는 것 같았다. 저쪽 한구석에서 금방이라도 험상궂은 가면을 쓰고 원색 복장을 한 무당이 칼을 휘두르며 덤벼들 것만 같은 두려움이 들었다. 나는 종시를 꼭 껴안아 주며 안도감을 갖게 했다. 그런 다음에 무당이 이곳에서 경문을 읽고 굿을 하는 곳이라는 것을 말해주었다. 그러자 종시의 질문이 성급히 나왔다.

"아빠, 무당이 뭐예요?'"

"무당은 옛날부터 귀신을 섬기고 인간의 좋은 일과 나쁜 일을 점치면서 굿을 하기도 하는 사람이란다. 이러한 무당은 사람들의 착하고 악한 영혼과 직접 통하는 신비의 능력을 가졌다고 믿었단다…"

나의 설명에 종시는 진지하게 귀를 기울였다. 곧바로 나와 종시는 가파른 암벽을 오르기 시작했다. 먼저 종시를 부축하여 암벽에 오르도록 하고 기념사진을 촬영했다. 종시는 가파른 암벽 위에 등과 엉덩이를 대고 누운 자세로 두 손을 꽉 펴서 암벽을 잡을 듯 눌렀다. 그리고 발뒤꿈치를 무겁게 내려

딛고 고개를 약간 들어 보였다. 종시는 힘든 연기를 거뜬히 해냈다. 정말 대견스러웠다. 나와 종시는 조심조심 암벽을 기어올라 마침내 정상에 이를 수 있었다.

정상에는 '자연보호'라는 대형 표어가 이십 미터 정도의 높은 철 구조물에 부착되어 있었다. 그 사이로 천안 시가의 아름다운 모습이 한눈에 들어왔다. 그리고 뒤편에는 흑성산의 송신탑도 보였다.

정상을 정복한 기분은 정상을 정복한 자만의 소유임을 알았다. 나와 종시는 다음 기회에 흑성산을 넘어 독립기념관에 갈 것을 약속하고 산골짜기를 따라 내려오기 시작했다. 나와 종시가 어느 아늑한 고목나무 마을에 내려왔을 때는 이미 해가 서산을 넘고 가로등 불빛이 환하게 길을 밝혀주었다. 오늘은 나와 종시가 산이 좋아 산 사람이 된 하루였다. 아마도 저녁 식탁에는 종시의 산 사람이 된 이야기가 함박웃음으로 푸짐하게 차려질 것이다. 나와 종시는 손을 꼭 잡고 집을 향해 발걸음을 재촉했다.

대추나무 집의 하루

오늘은 우리 집이 야단법석을 떠는 날이다. 마당 가의 삼십 년생 대추나무에서 주렁주렁 매달린 빨간 대추를 떨어내는 날이기 때문이다. 나는 대추나무 꼭대기에 올라가 대나무 장대로 빨간 대추를 사정없이 떨어냈다. 그 밑에서는 아내와 종익이, 종시, 옆방의 여대생들까지 나와서 양동이며 플라스틱 그릇이며 세숫대야며 담을 수 있는 그릇이라면 무엇이든지 가리지 않고 빨간 대추를 분주히 주워 담았다. 총알처럼 떨어져 내리는 빨간 대추를 피하느라 여기저기서 즐거운 비명을 지르기도 했다. 지난해에는 이 대추나무에서 질 좋고 맛좋은 대추를 한 가마니나 수확했다.

우리 집 네 식구가 성정동에서 처음 이 집을 사려고 둘러보았을 때는 보잘것없는 골목 집이어서 마음에 들지 않았다. 그러나 넓고 단단히 다져진 황토마당과 땅에 닿을 듯이 쭉쭉 뻗어 내린 대추나무 가지 그리고 짙은 녹색 잎 사이로 희끗희끗 내비치는 배추 빛 대추나무 열매들이 마음을 사로잡았다. 마침내 이 집을 사기로 했다. 나는 대추를 연속 떨어내며 지난날의 결정이 잘된 것이었다는 생각에 잠기곤 했다.

대추는 떨어내기 시작한 지 두 시간 정도 지나서야 모두 떨어냈다. 그릇마다 가득가득 담겨 있는 빨간 대추가 풍요로운 느낌을 더해 주었다. 이제부터는 빨간 대추를 슬레이트 지붕 위에 옮기고 펼쳐 말리는 일만이 남았다. 나는 조심조심 사다리를 타고 지붕에 올라갔고 바로 그 아래서는 아내가 사다리에 몸을 버티고 서서 여대생들이 날라다 주는 빨간 대추를 지붕 위로 올려 주었다. 그리고 마당에서는 종익이와 종시가 바구니에 대추를 가득 담고 끙끙거리며 서로 먼저 사다리에 오르려고 실랑이를 벌이고 있었다. 강아지도 덩달아 꼬리를 흔들며 이리저리 신나게 뛰었다. 글자 그대로 진풍경이었다. 이렇게 하여 우리 집 회색빛 슬레이트 지붕은 온통 빨간 대추로 빨갛게 물들었다. 주위에는 빨간 고추잠자리 떼가 동색의 친구를 만난 듯 맴돌고 있었다.

나는 후련한 마음으로 마당 가의 대추나무를 바라보았다. 대추나무는 내가 대나무 장대로 세차게 후려치는 바람에 잎과 줄기가 찢긴 채, 흉한 상흔 그대로의 모습이었다. 안타까운 생각마저도 들었다. 그러나 세찬 비바람이 몇 번을 거듭하면 나머지 대추나무 잎들도 낙엽이 되어 떨어지고 겨울의 하얀 눈송이가 나목을 가려줄 것이 아닌가? 그때 우리 네 식구는 창가에 비친 또 하나의 하얀 대추나무를 바라보며 더없는 순백함과 평화로움에 빠져들 것이다. 그리고 다음 해에 맺게 될 빨간 대추를 그려보게 될 것이다.

농자의 하늘 나무

내 고향 구슬다리는 우뚝 솟은 구슬산이 어머니의 품처럼 마을을 평온히 감싸고 있다. 구슬산은 산줄기가 세 방향으로 뻗어 산줄기 끝머리마다 낮은 언덕을 이룬다. 첫 번째 언덕은 동구로 뻗은 다리께 언덕이고 두 번째 언덕은 본동으로 뻗은 중앙 언덕이다. 마지막으로 세 번째 언덕은 노삿골로 뻗은 노사 언덕이다. 이들 언덕의 공통점은 동네와 인접해 있다는 점과 큰 나무들이 없고 자연 잔디와 키 작은 풀꽃 동산으로 이루어졌다는 점이다. 그리고 몇 개의 자연 무덤이 드문드문 잔디 등을 볼록이 드러내고 있다는 점도 그것이다. 그러나 아이들이 놀이터로 가장 많이 이용하는 곳은 본동으로 뻗은 중앙 언덕이다. 규모가 가장 크고 펀펀하며 접근성도

좋다. 한편 동구로 뻗은 다리께 언덕은 백발 할머니가 구슬산을 오르내리며 날마다 지켜보고 있어 아이들이 접근하기는 쉽지 않다. 아이들은 그 백발 할머니를 무서운 산신령님이라고 불렀다. 마찬가지로 동네 사람들도 다들 그렇게 불렀다. 또한 노사 언덕은 규모가 가장 작고 낮은 편이며 노삿골 네 가구 중에서 주로 우리 집 식구들이 이용한다. 특히 나는 밤낮을 가리지 않고 수시로 그 언덕에 갔다. 해가 뜨는 아침이나 해가 쨍쨍한 한낮, 노을 지는 저녁이나 깜깜한 밤, 달빛이 찬연한 달밤은 말할 것도 없었다. 심지어 비가 오는 날은 우산을 받고, 눈이 내리는 날에는 눈꽃 방울 비니를 쓰고 그 언덕을 찾아갔다. 나는 노사 언덕이 그저 좋아서 갈 뿐이었다. 노사 언덕은 나의 얕은 생각을 깊은 호수처럼 채워주고 꽉 막힌 속을 뻥 뚫리게 해 주었다. 그래서 노사 언덕은 내가 가장 사랑하는 나의 언덕이 될 수밖에 없었다. 노사 언덕은 우리 집에서 솔밭길로 오십 미터 정도의 가까운 거리에 있다. 노사 언덕은 늘 때 묻지 않은 자연의 순수한 모습으로 나를 기다리고 있었다. 그곳의 아래쪽에는 우리 집의 작은 텃밭과 생인사 큰 밭으로 가는 구불구불한 오솔길도 나 있다. 무엇보다도 이 언덕에 오면 본동의 중앙 언덕에서 몇 명의 어떤 아이들이 놀고 있는지를 빤히 볼 수 있어 더 좋았다.

노삿골에 산그늘이 지고 우리 집 굴뚝에서 흰 연기가 몆을 때면 어머니는 으레 이곳에서 어미 소가 송아지를 부르듯 나를 부르셨다. 그 목소리는 내가 아이들과 함께 어울려 놀던 중앙 언덕의 여린 풀꽃들을 흔들며 쩌렁쩌렁 울려왔다. 그럴 때마다 나는 어머니의 목소리를 곧바로 알아채고 저녁 둥지를 찾아드는 산새처럼 바삐 우리 집으로 돌아오곤 했다. 내가 우리 집에 들어서면 낮은 외양간의 초가지붕에는 하얀 박꽃이 피었고 어미 소는 송아지에게 젖을 물리며 눈감은 채 되새김질을 하고 있었다. 그리고 우리 집 황토마당에는 밀짚으로 엮은 넓은 깔판이 펼쳐져 있었다. 그 위에는 어머니께서 저녁 밥상을 정성껏 차려 놓으셨다. 한편 아버지께서는 마당가에서 갓 베어온 쑥대로 모깃불을 피우시고 짙은 쑥 향기는 매캐한 연기를 타고 저녁 밥상머리를 맴돌아 퍼졌다. 이러한 우리 집 황토마당은 늦가을의 추수기가 되면 짚으로 이은 고깔 지붕의 원기둥 볏단으로 변신했다. 직경 7미터, 높이 7미터 정도로 쌓은 대형 원기둥의 볏단이 장관을 이루고 있는 것이다. 그 모습은 나에게 노적봉처럼 풍요로움을 안겨주었다. 그것은 아버지만의 독특한 설치예술작품이었다. 어느새 가을이 지나고 흰 눈이 내리는 겨울이 오면 그 원기둥 볏단은 하얀 눈 모자를 쓴 농자의 눈사람이 되었다. 이런 일은 해마다 우리 집 항토마당에서는 흔히 볼 수 있는 풍경이었다. 우리 집 황토마당의 원기둥 볏단은 겨울을 지나서 이른 봄까지 갔다. 아버지는 햇볕이 잘 나는 날을 택하여 그 많은 볏단의 벼를 홀태로 혼자서 훑으셨다. 마치 차갑고 딱딱하게 굳은 식빵을 야금야금 먹어가듯 긴 겨울에서 이른 봄까지 그렇게 하셨다. 시간이 지남에 따라 원기둥 볏단의 높이는 점점 낮아지고 그 대신에 건넛방에는 볏짚을 엮어 만든 둥근 벼 곳간이 새로 들어섰다. 가끔씩 벼 곳간을 열고 고무래로 벼를 긁어

담은 가마니를 정미소에 내가는 날에는 우리 집 식구가 온통 야단법석을 떨기도 했다. 주위 사람들도 우리 집의 풍요로운 곳간을 바라보며 부러운 눈길을 떼지 못했다. 아버지는 한평생을 그렇게 농사일로만 살아오셨다.

어느 날 아버지께서 뇌졸중으로 갑자기 쓰러지셨다. 그것은 우리 집 식구들에게 큰 충격을 안겨주었다. 우리 집 황토마당의 원기둥 볏단도 그때 아버지와 함께 무너졌다. 그 이후로는 우리 집 황토마당에서 풍요의 상징과도 같은 그 원기둥 볏단을 다시 볼 수 없었다.

어느 장마철의 여름날이었다. 아버지는 스스로 추스를 수 없는 몸을 나의 부축에 의지하고 다리께 언덕으로 갔다. 우리 집 일곱 식구의 명줄과도 같은 단쟁들 이천 여든 평의 논이 홍수로 범람 되고만 때였다. 그 상황이 너무도 궁금해서 찾아갔던 것이다. 그때 홍수에 범람 된 단쟁들을 바라보시던 아버지의 마음은 어떠하셨을까? 아마도 농자의 마음은 한없는 슬픔으로 범람 되었을 것이다. 아버지는 사방을 두리번거리시며 범람되어 있는 단쟁들을 골똘히 바라보고 계셨다. 이미 논과 논의 경계를 삼켜버린 홍수의 범람 속에서 아버지는 우리 집 논의 경계를 찾고 계셨던 것이다. 무거운 볏짐을 지고 허리가 휘도록 마라톤 하듯 달려오신 아버지의 지난 시간들이 내 머릿속을 빠르게 스쳐 갔다. 사다리 같은 지게 보조대에 높이 쌓아 올린 볏단을 한단 한단 세며 이삼십은 족히 넘을 볏짐의 대열에서 아버지의 순위를 매기던 내 유년의 풍요가 눈앞에 어른거렸다. 볏짐 버팀대처럼 버틸 수 없는 아버지의 쇠잔한 두 다리 사이로 아버지의 시간들이 한꺼번에 떠내려가고 있었다. 그리고 세월의 급물살에 찢기고 찢긴 파비닐 가닥처럼 아버지의 시간들이 내 기억 속에서 휘감기고 있었다. 농자는 스스로의 몸을 추스를 수 없을 때 가장 슬픈 눈물로 범람하고 있는 것이 아닌가? 아버지의 모습이 한없이 측은하게 보였다.

나는 지금 그때의 아버지만 한 나이가 되어 여기 노사 언덕에 섰다. 나는 유년으로 다시 돌아가서 아버지의 시간들을 추억해본다. 내가 아버지와 함께 심었던 밤나무가 우람하게 잘도 자랐다. 풍성한 밤꽃을 피우고 짙은 향기를 내뿜는다. 구슬산을 지키시던 나의 백발 할머니, 진정한 농자이셨던 나의 아버지, 나를 부르시던 나의 어머니, 내가 중학교에 다닐 때 길쌈한 쌈짓돈으로 선뜻 파카 만년필을 사주셨던 나의 외할머니, 그분들이 잠들고 계시는 무덤가에서는 여린 풀꽃들이 바람에 흔들린다. 허연 밤꽃 향기도 무덤 속으로 스며든다. 그분들은 모두 한평생을 순수한 자연 속에서 농사일만 아셨던 농자이셨다.

　나는 하늘을 향해 두 팔을 벌리고 열 손가락을 쫙 편다. 농자의 하늘 나무 가지가 쭉쭉 하늘로 뻗어나간다. 농자의 하늘 나무가 점점 길어지고 거대해진다. 잠시 후 농자의 하늘 나무 가지에 흰 구름이 몰려든다. 농자의 하늘 나무에서 풍성한 밤꽃처럼 숱한 하늘 꽃이 피어난다.

파란색의 밑줄

인간은 동서고금을 막론하고 끊임없이 행복을 향유하고 싶어 하는 욕망을 가지고 있다. 이를 추구하기 위해 온갖 정열을 쏟는다. 그러나 행복은 인간의 무한한 욕망에 파묻혀 애매모호한 이상으로 남는다. 그 행복은 인간의 마음에 만족은커녕 항상 공허감만 준다. 행복은 어떤 소유의 지속성도 보장할 수 없는 무형의 이상에 불과하기 때문이다. 나는 수년 전, 사랑하는 아들을 내 곁에서 비운에 떠나보내야 했다. 그것은 차라리 따라 죽어가는 고통 이상의 큰 슬픔이었다. 지금도 내 가슴에 그 슬픔의 깊은 골은 어느 누구의 무엇으로도 메울 수 없다. 나는 이러한 상황에서 인생과 운명 그리고 행복에 대하여 다시 성찰하는 계기가 되었다. 모든 것이 지나고 보니 현실의 가까이에 있던 행복을 그대로 지나쳐 버린 것 같다. 인간은 과거 속에서 떠오르는 행복의 달만을 바라보며 추억을 못내 그리워하는 어리석음이 있는가 보다.

아들의 유품을 정리하던 중 나의 시선은 세네카의 '행복론'이라는 책에 고정되었다. 아들이 생전에 그토록 소중히 몇 번을 숙독했던 흔적이 배인 책이었다. 이 책은 아들이 중요한 어구마다 파란 색연필로 정성껏 밑줄을 그어놓았다. 나는 한동안 이 책을 가슴에 꼭 껴안고 눈물을 흘리며 아들의 이름을 불렀다. 이제 이 책은 내 아들의 영혼이 숨 쉬는 소중한 선물로 남았다. 나는 아들이 그어놓은 파란색 밑줄을 따라 손가락으로 선을 그으며 한자도 빠짐없이 읽어 내려갔다.

루키우스 안내우스 세네카의 '행복론', 그것은 행복을 추구하는 우리 인간들에게 진정한 행복이 무엇이고 그것을 어디서 찾아야 할 것인가를 명확하게 일깨워주는 명고전의 책이다. 저자 세네카는 이 책에서 인간의 행복을 하나의 추상적인 개념에서보다는 가시적이고 사실적 현상의 범위로 끌어들이고 있다. 이러한 그의 행복관은 '인간이 행복 자체에 뒹굴면서도 그것이 자신이 열심히 찾고 있는 행복인 줄을 모른다.'고 한 그의 말에서 더욱 뚜렷해진다. 그는 진정한 행복을 인간의 번뇌에서 벗어나고 신과 인간에 대한 의무를 깨닫는 데서 찾고 있다. 그리고 인간의 예지와 덕성을 행복의 핵심 요소라고 했다. 이러한 핵심 요소는 인간의 마음에 근원을 두고 있다. 그가 말하는 마음의 원천은 선과 악을 명확히 구별할 줄 아는 마음의 정화가 선제조건이 된다. 이는 신의 질서

이기도 하지만 인간의 예지를 필요로 한다. 이러한 마음의 정화를 이루게 하는 예지는 인간의 경박함과 허영심에서 탈피시킨다. 이것이야말로 인간 스스로의 지배에서 벗어나고 영원히 소멸되지 않는 진정한 행복이라고 한다.

한편 덕성은 인간의 정화된 마음속에 자리 잡고 있는 완전한 선이다. 그리고 모든 것이 소멸되어 가는 인생에서 불변성을 지닌 샘처럼 마음의 원천이 고갈되지 않고 끊임없이 솟아나는 인간의 합리적인 정신기능이다. 그렇다. 인간의 모든 생각이나 행동의 시원은 마음이다. 그 마음을 인간의 특별한 예지로 어떻게 다스리느냐에 따라 마음속에 덕성으로 자리 잡기도 하고 그렇지 못하기도 한다. 이에 따라서 행복도 찾아오기도 하고 달아나기도 한다. 그러므로 세네카는 인간이 항상 자기 마음을 성찰하고 절제와 금욕으로 하늘을 향해 부끄러움이 없어야 한다고 했는지도 모른다. 인간은 남에게 피해를 주지 않으면서 자기 손에 넣을 수 있는 조그만 것에서 행복을 찾아야 한다. 우리 인간은 평안한 날에 위난에 대비할 줄 알고 부자일 때 가난에 대비할 줄 아는 예지가 필요하다. 인간의 양심은 선한 생활의 보증서와 같다. 항상 자기 마음의 증인으로 나서야 한다. 그럴 때 진정한 행복이 찾아오는 것이다.

나는 세네카의 '행복론'을 계속 읽어 내려가며 가장 돋보이는 부분을 발견할 수 있었다. 그것은 죽음에 대한 그의 철학적 추구이다. 그는 인간의 행복을 단순한 인간의 삶, 그 자체에 국한시키지 않고 그것을 죽음과 그 이후의 영원한 내세로 연장시키고 있다. 이러한 행복의 영원성은 죽음을 신의 섭리로 받아들이는 순간부터 영원으로 이어지는 서곡이 울린다. 이는 행복론의 큰 진전이라고 아니할 수 없다. 세네카는 인간이 신에게 채무를 이행하는 과정이 곧 죽음이라고 본다. 그러기에 인간의 죽음은 하나의 휴식상태적 과도기이다. 그가 죽음을 영원의 연속선상에서 생의 한 진전으로 보고 있는 단면이기도 하다. 그의 죽음관은 심오한 종교적 내세관에는 못 미친다 하더라도 최소한, 인간이 죽음에 대한 공포에서 벗어날 수 있다. 그리고 죽음을 신의 축복 속에서 벅찬 영원의 세계로 들어갈 수 있게 해 준다. 이러한 점에서 그 의의가 크다 할 것이다. 나는 세네카의 '행복론'을 읽으면서 행복의 시점은 마음에 있고 그 마음은 인간의 예지에 의해서 다스려지며 이에 따라서 덕성이 최고의 선으로 자리를 잡는다는 사실을 깨달을 수 있었다. 또한 인간의 죽음은 결코 끝이 아니고 생의 연장 과정이라는 행복의 영원성을 인식하게 되었다.

나는 이 책을 피곤한 내 삶의 곁에 항상 펼쳐놓을 것이다. 그리고 나 자신의 지배로부터 벗어나 진정한 예지의 밭을 일구고자 한다. 내 사랑하는 아들의 영혼이 스며든 파란색 밑줄처럼 내 삶의 이랑에 영원한 평화와 행복의 덕성으로 가꾸어 꽃 피울 것이다.

소설

꽃사슴 인형

천상의 숲

우리는 선택의 기로에 서 있을 때 그 기로가 두 가지이건 그 이상이건 간에 일단은 망설이게 된다. 그중 하나의 기로를 선택할 순간이기 때문이다. 그러므로 우리의 최고의 기능인 판단력을 필요로 한다. 나는 자작나무 숲길로 가는 1코스와 3코스의 두 가지 기로에서 비교적 완만하다고 생각되는 3코스를 택하여 걷기 시작했다.

산에는 자작나무들이 흰 기둥을 드러내고 시선을 홀리고 있었다. 나는 산모롱이를 지날 때마다 더 많은 자작나무들이 있을 거라는 기대를 버리지 못했다. 산길 옆에는 심심찮게 나를 보라는 듯 빨강, 파랑, 노랑, 하양 등 색깔로 치장한 이름 모를 야생화들이 피어있었다. 그리고 간간이 푸른 잎사귀

뒷면에는 흰 풀벌레 집이 앙증맞게 붙어있어 신비감마저 들었다. 아내는 저만치 앞서 자작나무들을 보고 휴대폰 셔터를 연신 누르며 갔다. 어느새 한 시간이 흘렀다. 아내는 보이지 않았다. 걱정이 됐다. 참, 이상한 일이지? 부부라는 게 무엇인지, 곁에 있을 때는 잘 모르는데 조금만 곁에서 떨어져도 찾게 되고 걱정이 앞서니 말이다. 나는 발걸음의 속도를 냈다. 우선 아내를 찾아내 가시권에 넣어야 야생화도 자작나무 숲도 마음 놓고 볼 수 있다. 하물며 자연에 몰입되어 감성에 젖는 일이야 말할 것도 없다. 나는 휴대폰을 꺼내어 아내에게 전화를 걸었다. 아무런 응답도 없다. 부랴부랴 속도를 내서 다다른 곳은 계곡물이 철철철 흘러내리는 빨간 다리 계곡이었다. 나는 사방을 두리번거리며 많은 사람들 사이에서 아내를 찾고 있었다. 그때 아내의 휴대폰 벨이 울렸다. 아내는 등산로 안내판 앞에 서 있었다. 숲속의 계곡은 제법 깊었다. 계곡 곳곳에서는 작은 폭포들이 하얀 허리를 드러내듯 흘러내리고 있었다. 등산로는 돌과 질퍽한 진흙으로 만만찮은 난코스였다. 나는 자작나무 숲에 대한 기대치가 기온이 뚝, 떨어지듯 낮아졌다. 코스를 잘못 선택했다는 생각이 들었기 때문이다. 그러나 계곡을 내려오는 한 청년의 "올라가면 실망하지 않습니다"는 말에 용기를 얻고 계속 올라갔다. 산마루 쪽으로 100미터쯤 올라갔다. 흰 기둥처럼 쭉쭉 뻗은 자작나무 숲이 장관이었다. 1989년부터 1996년까지 자작나무를 70만 그루나 집중적으로 산 전체에 심었다니 그럴 법도 했다. 특히 이 계곡의 목적지는 이삼십 년생 자작나무의 청년 숲이라고 한다. 밋밋하게 서 있는 자작나무들의 기둥이 순백의 원근을 이루고 있어 신비롭기까지 하다. 마치 그 모습이 시벨리우스 공원에 있는 파이프오르간 모양의 기념조형물처럼 겹겹이 보인다. 비록 겨울철의 광활하게 펼쳐진 시베리아의 새하얀 자작나무 숲에는 못 미치지만 연인을 수레에 태우고 달리는 영화 '닥터 지바고'의 한 장면이 떠올랐다. 하늘을 가린 푸른 이파리들이 산바람에 흔들리고 파이프오르간처럼 자작나무 흰 기둥의 꼭대기에서 영혼의 깊은 저음이 미끄러져 내려온다. 그 누가 이곳을 천상의 숲이라고 아니하랴! 나는 지금 자작나무 숲속에서 영혼의 저음을 내고 있는 천상의 신비한 소리를 듣고 있다. 수천수만의 영혼들이 가까이서 아니면 멀리서 일제히 순백의 함성을 지르고 있는 듯하다. 잠시 눈을 감으니 내 귓전에 라라와 지바고의 사랑의 노래 'som-where my love'가 스쳐 지나간다. 그리고 천상의 자작나무 숲 사이를 유유히 걷고 있는 제이의 환영이 어른거린다. 나는 지금, 이러한 극단의 환상에 빠져 있다. 그러나 '우리는 극단을 지각하지 못한다. 너무 큰 소리는 우리를 귀머거리로 만든다. 너무 강한 빛은 눈부시다. 너무 멀든가 가까운 거리는 시력을 해친다. 너무 길거나 짧은 이야기는 그 의미를 애매하게 한다. 너무 진실한 것은 우리를 놀라게 한다. 우리는 황막한 중간에서 떠돌고 항상 불안하고 동요한다. 한쪽 끝에서 다른 쪽 끝으로 밀려 나간다. 어떤 경계에 우리 자신을 결부시키고 고정시키려고 한다면 그 경계는 동요하여 우리를 떼어 버린다.' 이는 파스칼의 팡세에 나오는 말이다. 그렇다. 나는 자연 앞에서 진실된 인식을 가져야 한다. 극단보다는 자연의 중간적 위치에서 나를 성찰하고 내가 자연 앞에서 겸손해야 할 이유를 찾아야 한다. 내가 자연의 중간적 위치를 찾으며 자연의 진실한 인식에 빠져들고 있을 때, 아내는 저쪽 자작나무 흰 기둥 사이에서 꽃사슴처럼 나를 바라보고 있었다. 아내는 자연의 중간 위치에서 나의 가시권에 있다. 천상의 숲 같은 내 마음의 평화로운 숲에서 어떤 경계에도 자신을 결부시키거나 고정시키지 않고 그녀는 여전히 존재하고 있다.

빨간 끈 꿴 흰 운동화

– '이 세상의 모든 행동은 하나씩 분리하면 제각기 목적이 있고 동기가 있지만 그것을 모두 종합해 보면 삶의 흐름에 지극히 자연스럽게 어울린다. 인간은 각기 동분서주하며 일하고 자신이 관심을 가지고 있는 메커니즘에 의해 행동한다. 그렇지만 최상의 기본적인 평화의 감정이 여러 분야에 조정자가 될 수 없다면 그 각 분야는 제대로 작동되지 않을 것이다.'–

보리스 파스테르나크는 그의 장편소설 '닥터 지바고'에서 이와 같이 말했다.

내가 이곳 자작나무 숲을 '천상의 숲'이라고 구태여 부르는 것은 이러한 평화의 감정이 조정자로서 내 마음의 숲을 이루고 있기 때문이다. 그리고 그 마음의 숲, 가장 가까운 가시권에 아내의 행복한 존재가 항상 머물기를 염원하기 때문이다. 나와 아내의 행동은 각자의 목적과 동기가 다를 수 있다. 그러나 하늘이 맺어준 부부의 인연이라면 나와 아내는 서로의 존재를 소중히 여기면서 더없이 자연스럽고 조화로운 행동으로 사랑하는 삶을 살아가야 하지 않을까? 그래서 우리에게 '천상의 숲', 자작나무 숲이 주는 의미는 그 무엇보다도 깊다. 우리는 산마루를 지나 1코스로 내려오기 시작했다. 산마루에서 내려다뵈는 자작나무 숲은 더 이상 천상의 숲이 아니었다. 그저 아름다운 지상의 숲이었다.

습지의 난코스였지만, 1코스가 아닌 3코스를 선택한 것이 잘했다는 생각이 들었다. 1코스를 선택했다면 어떠했을까? 하마터면 밑에서 우러러보는 벅찬 환희의 순간과 자작나무 숲이 주는 신비한 천상의 숲을 놓칠 뻔했다.

아내가 갑자기 발을 멈추고 자기의 운동화를 내려다본다. 운동화 밑창이 떨어졌다. 아내는 허전하고 아쉬운 표정을 짓는다.

아내의 운동화는 15년 전, 아들이 보내준 영국, 프랑스, 스위스, 오스트리아, 독일, 이태리 등 서유럽 7개국 여행 때 내가 사준 운동화이다. 흰 운동화 양 날개에 빨간 끈을 꿴 예쁜 운동화였다.

아내가 무척 좋아하고 애착을 갖고 있는 운동화이다. 아내는 서유럽여행 이후에도 이 운동화를 신고 북유럽에 있는 덴마크, 노르웨이, 스웨덴, 핀란드, 러시아 등 5개국 여행도 다녀왔다. 그리고 중국의 장가계 일대와 미 동부의 뉴욕, 워싱톤, 보스턴, 캐나다의 나이아가라폭포, 천섬, 퀘백 등도 다녀왔다. 한편 국내의 동서남해안과 제주도를 비롯하여 크고 작은 섬은 물론 높고 낮은 산과 여러 사찰 등 명승지, 그리고 주말 나들이까지도 이 운동화를 신고 다녔다. 그러고 보니 꽤 오래도 신었다. 그렇지만 아내의 운동화는 신고 나설 때마다 항상 깨끗하고 산뜻했다. 최근에는 팔봉산에 있는 비발디파크 리조트 연수회에도 신고 갔다. 그런 여행의 상징과도 같은 아내의 운동화가 갑자기 밑창이 떨어졌으니 충격이 컸다. 아마도 이렇게 된 것은 빨간 다리 계곡의 습지 등산이 결정적 원인이었을 것이다. 천상의 숲으로 가는 길은 그토록 험난했다.

나는 아내와 함께 아쉬움인지 흐뭇함인지 알 수 없는 미묘한 미소를 띠며 1코스를 그렇게 내려오고 있었다.

족적 - 종지기 카지모도

우리에게는 누구나 과거가 있다. 과거는 현재의 뒤쪽에 가려져 있다. 현재는 순간순간 소멸되어가며 과거가 된다. 과거는 현재를 기준으로 할 때 가깝고 먼 것의 차이는 아무런 의미가 없다. 과거는 다만 지나간 시간일 뿐이다. 시간은 현재에서만 물이 흐르듯 미래를 향해 흘러간다. 그러나 우리는 과거의 족적을 따진다. 그것을 찾으려는 성향도 있다. 그리고 광활한 대지의 모래밭 같은 삶에서 그 족적이 잘 보존되기를 바란다.

아내는 밑창이 떨어진 운동화를 보며 과거의 족적을 회상한다.

아내는 빨간 끈 꿴 흰 운동화를 신고 서유럽 여행길을 떠났다. 프랑스의 루브르박물관, 에펠탑 전망대, 야경의 센강 유람선, 몽마르트르 언덕, 노트르담 성당 등 수많은 관광 일정을 소화했다. 그중에서도 아내의 마음을 사로잡은 것은 노트르담 성당이다. 노트르담 성당은 파리의 센강, 시테섬에 있는 중세 고딕 양식의 성당이다. 성당 내부에는 황금 제단과 화려한 파이프오르간이 설치되어 있다. 13m의 장미 창과 남북 벽면의 스테인드글라스에서는 찬란한 빛이 성당 내부로 스며들어 신비의 경지를 이룬다.

이곳에서는 누구나 겸허하게 무릎을 꿇지 않을 수 없다. 신이 계시하는 신의 음성과 신호가 자연스럽게 느껴지기 때문이다. 아내는 한참을 가슴에 성호를 그으며 기도를 했다. 아마도 제이를 위한 기도였을 것이다. 기도는 신과의 소통이다. 기도하는 자의 절박한 간구이다. 절박한 간구의 기도일 때 신의 응답은 신속히 반응한다. 기도를 마친 아내의 두 눈에서는 눈물이 흘러내렸다. 아내는 아무런 말이 없었다. 나는 아내를 부축하여 일으켜 세우고 손수건을 내주었다. 나는 아내와 함께 성당 밖으로 나왔다. 성당의 외관은 섬세한 조각과 경건함이 조화된 하나의 웅장한 예술적 건축물이었다.

나는 아내의 깊은 신심과는 달리 빅토르 위고의 역사소설 '파리의 노트르담'이 생각났다. 이 소설은 미국의 영화감독 월러스 워슬리의 영화 '노트르담의 꼽추'로 더 유명하다.

주인공 카지모도는 꼽추로 태어난 상태로 성당 앞 벽에 붙박아놓은 작은 나무 침대에 버려졌다. 카지모도는 젊은 프롤로 신부에 의해 거두어지고 종지기로 성당 안에서만 지냈다.

그는 파리 시민들의 '주 공현절과 미치광이 축제 날', 군중들로부터 미치광이 교황으로 뽑혔다. 미치광이 교황은 깨진 유리창 구멍에 얼굴을 들이밀고 가장 추악한 인상을 가진 자를 선발하는 것이었다. 빅토르 위고는 그의 소설에서 카지모도의 인상을 이렇게 표현하고 있다.

-'사각형 코에 말발굽 같은 입, 덥수룩한 붉은 눈썹에 찌그러진 왼쪽 눈, 커다란 사마귀 아래 완전히 가려진 오른쪽 눈, 게다가 이빨들은 마치 요새의 총구멍처럼 드문드문 빠져 있었으며 그중 하나가 코끼리 어금니처럼 윗입술 위로 뻗어 나와 있었고 턱은 둘로 갈라져 있었다. 그의 몸 전체가 일그러져 있었고 엄청나게 큰 머리통에는 붉은 머리칼이 모두 서 있었고 두 어깨 사이에는 커다란 곱사등이 솟아 있었으며 다리는 마치 반원형의 낫 두 개를 이어놓은 듯 야릇 야릇하게 뒤틀려 있었다. 게다가 커다란 발과 괴물 같은 손까지!'-

군중들은 이러한 카지모도를 보고

"종지기 카지모도다! 노트르담 꼽추 카지모도다! 애꾸눈 카지모도다! 안짱다리 카지모도다!"

하고 함성을 지르며 열광했다. 거지 떼와 하인들, 소매치기와 학생들이 만든 관을 쓰고 법의를 입고 금빛 지팡이를 짚고 울긋불긋 장식한 들것에 앉은 카지모도를 열두 명의 사내들이 어깨에 메었다. 그리고 그는 군중들의 호위를 받으며 그레브 광장으로 갔다. 이 광경을 지켜보던 부주교 프롤로는 몹시 화가 나서 카지모도의 머리에서 관을 벗기고 지팡이도 부러뜨렸으며 법의도 벗겨 찢어버렸다. 카지모도는 부주교 프롤로 앞에 무릎을 꿇고 고개를 숙였다. 그 시간, 그레브 광장에서는 아름다운 집시 여자가 양탄자 위에서 춤을 추고 있었다. 그녀의 곁에는 탬버린과 염소가 있다. 그녀는 에스메랄다였다. 그날 밤 카지모도는 프롤로의 사주를 받아 에스메랄다를 납치하러 간다. 그 과정에서 잘생긴 순찰대장 페뷔스 대위에 의해 에스메랄다는 구출되고 그녀는 페뷔스에게 연정을 품게 된다. 그러나 카지모도는 납치범으로 체포되어 감금된다. 카지모도는 아무도 돌보지 않는 감금 상태에서 물을 갈구한다. 에스메랄다는 그녀의 허리띠에 매달린 물통을 풀어 그에게 주는 호의를 베푼다. 그 후로 카지모도는 그녀를 사랑하게 되고 그녀를 보호해주어야겠다는 결심을 하게 된다. 한편 프롤로는 원래 중류층 집안 출신으로 신학, 의학, 법학, 예술 등 학문 분야와 그리스어, 라틴어, 히브리어에 능통했다. 그는 집시를 이단으로 여겼고 그들을 핍박하는 데 앞장섰다. 그러나 에스메랄다의 아름다움에서 벗어나지 못하고 연정을 품으며 신과 한 여자의 사랑, 사이에서 고뇌의 갈등을 계속하고 있었다. 결국 그는 페뷔스와 에스메랄다의 밀회하는 방에 침투하여 질투의 칼로 페뷔스를 찌르게 된다. 그 누명은 에스메랄다의 몫이 되고 그 죗값으로 에스메랄다는 교수대에 오른다.

나는 노트르담 성당의 종탑을 바라보며 에스메랄다를 수레에 태우고 교수대로 가는 순간, 발과 무릎과 손으로 밧줄을 타고 내려오는 카지모도, 분노한 카지모도에 의해 낙수 홈통에 걸려 허공에 매달린 부주교 프롤로의 최후를 그려보

았다. 그리고 교수대에서 마지막까지

"페뷔스! 내 사랑하는 페뷔스!"

하고 울부짖는 에스메랄다의 소리가 들려오는 듯한 착각에 빠졌다. 그리고 맞은편 그의 집, 발코니에서 아름다운 약혼녀와 함께 그녀를 바라보고 있는 사랑의 배신자, 바람둥이, 페뷔스의 어정쩡한 모습이 자꾸 떠올라서 어쩐지 마음이 씁쓸해지기기도 했다.

나는 빅토르 위고가 종탑 벽면에 새겨진 '운명'이라는 글자를 보고 이 소설을 쓰게 되었다는 말이 예사롭게 느껴지지 않았다. 나는 '이루어질 수 없었던 슬픈 사랑!' 그 모든 것을 운명이라는 단어에 하나씩 하나씩 귀결시키고 있었다.

나는 높이 솟은 종탑을 바라보았다. 내 머릿속에 담긴 생각은 모두 수백 개의 나선형 계단을 밟으며 카지모도가 있었던 69m 종탑을 향해 오르고 있었다. 아내도 내 생각의 범위에서 크게 벗어나지 않는 듯 종탑을 바라보고 있었다. 아내의 흰 운동화 양 날개에 꿴 빨간 끈이 그리스도의 보혈처럼 파리의 따사한 햇빛을 받아 더욱 선명히 드러나 보였다.

족적 – 신의 도시 피렌체

정오가 되자 성당의 종소리가 울려 퍼졌다. 나는 아내와 함께 아르노 강이 흐르는 베키오 다리 위를 걸었다. 피렌체에서 가장 오래된 다리답게 고풍스럽고 아름다웠다. 이 다리는 단테가 베아트리체를 만난 다리로도 유명하다. 단테는 9세 때 한 살 아래인 베아트리체를 처음 만나고 순수한 사랑의 감정을 가졌다고 한다. 그 후 9년 만에 그녀를 두 번째로 만났다. 단테는 베아트리체의 성숙한 모습을 보고 그의 마음속에 그녀를 영원한 여인으로 간직하게 된다. 그리고 베아트리체가 24세의 나이로 요절하자 그는 순수한 영혼으로 천국에 가서 베아트리체의 인도를 받게 된다.

나는 이들의 운명적 만남과 순수한 사랑을 가슴속에 품은 채 아내와 함께 시뇨리아 광장으로 갔다. 시뇨리아 광장은 피렌체 시민들을 위한 정치적 중심지이다. 광장에는 넵튠 분수와 해마상, 아름다운 여인들의 청동상이 있다. 그리고 주변에는 기마상, 다비드상 등 수많은 조각상들이 있다. 특히 베키오 궁전과 종탑은 장엄하면서도 아름다웠다. 베키오 궁전 내부의 천장과 벽에는 메디치가의 막강한 권력의 자화상을 보는 듯 그 당시의 생생한 상황이 그림들로 채워져 있었다. 한편 란치 야외 화랑에는 메디치가의 위엄을 상징이라도 하는 듯 사자상이 수호신처럼 지키고 있었다. 또한 르네상스 미술품의 보고인 우피치 미술관과 단테 생가의 작은 박물관도 나의 관심을 끌었다. 나는 단테의 박물관을 살펴보며 파란만장한 그의 삶을 엿볼 수 있었다. 그는 당시 권력의 소용돌이에 휘말려 피렌체를 떠나 망명 생활을 했다. 끝내 그는 피렌체에 돌아오지 못하고 라벤나에서 생을 마감했다. 단테는 그 암울했던 시절을 '어둠의 숲속에 갇혀 있었다'라고 피력했다. 그러나 그는 이러한 고난의 시절을 구원의 시작이라는 다소 역설적인 의미로 승화시키고 4년에 걸쳐 신곡의 지옥편을 썼다. 그리고 이어서 5년에 걸쳐 연옥편을, 마지막 7년에 걸쳐 천국편을 썼다. 마침내 그는 16년 장정의 신곡을 모두 완성했다. 이러한 단테의 신곡에는 사랑과 구원이라는 그리스도의 숭고한 정신이 담겨 있다. 나는 역경을 딛고 신곡이라는 불후의 명작을 탄생시킨 그에게 머리를 숙여 마음속으로 무한한 존경을 표했다.

아내는 단테의 신곡에 대한 설명을 듣고 특별한 관심과 사후세계에 대한 궁금증에서 쉽사리 벗어나지 못하는 것 같았다. 나는 두오모 광장으로 발길을 옮겼다.

두오모 광장에는 꽃의 성모마리아 성당, 둥근 지붕의 구폴라, 지오또의 종탑, 단테가 세례를 받았다는 세례당 등이 있다. 특히 세례당은 3개의 문으로 건축되었는데 그중 미켈란젤로가 보고 감탄해서 불렀다는 황금빛 '천국의 문'이 감동적이었다. 이 문에는 아담과 하와, 노아, 아벨과 카인 그리고 하단에는 솔로몬과 시바의 여왕이 조각되어 있었다. 아내는 천국의 문 앞에서 구약성서를 읽어가는 듯 조각을 하나하나 자세히 들여다보며 심취되어 있었다.

피렌체는 가는 곳마다 크고 작은 성당과 우뚝 솟은 종탑, 그리고 궁전이 있고 조각과 그림으로 장식되어 있다. 그 내용은 한결같이 역사가 있고 이야기가 있고 문화예술이 살아 숨쉬며 신을 향한 소망의 기도가 담겨 있었다. 한마디로 말하여 피렌체는 신의 나라 사람들이 사는 신의 도시이다. 아내는 어느새 신의 도시에 사는 사람이 된 듯 이곳저곳을 쳐다보기에 눈길이 바빴다. 나는 아내가 특별히 관심을 갖고 궁금해하는 단테의 신곡에 나오는 지옥과 연옥 그리고 천국에 대해서 다시 한번 되짚어 보았다. 과연, 신의 나라, 신의 시민들이 바라는 최종의 목적지는 어디란 말인가? 그것이 지옥일 리는 없다. 최소한 연옥 아니면 그 이상의 천국이 그들의 목적지가 아닐까? 지옥은 단지 그들이 가장 두렵고 절대 가서는 안 되는 끔찍한 곳일 것이다. 이러한 지옥은 그들에게 한층 신심을 가다듬고 그들의 삶에 대한 반성 그리고 경종과 교훈을 주는 장소로만 여기고 싶었을 것이다. 물론 그것은 그들의 바람일 뿐, 그들의 죗값에 따라 지옥에 가는 것은 신만이 심판하고 결정할 문제이겠지만….

단테는 그의 저서, 신곡에서 기원전 1세기, 로마의 '아이네스' 서사시 작가인 베르길리우스를 그의 스승이자 인도자로 모시고 지옥과 연옥을 둘러본다. 이어서 천국에 가는 길은 그가 어릴 때 순수한 사랑의 감정을 갖게 되었다는 베아트리체를 인도자로 삼는다. 그가 베아트리체의 인도에 따라가는 천국은 어떤 곳인가? 단테는 천국을 9개의 하늘로 구분한다. 1의 하늘은 달의 하늘, 2에서 7까지의 하늘은 그리스, 로마의 신화 속에 나오는 신들의 하늘이다. 그리고 8의 하늘은 예수의 하늘이고 9의 하늘은 성모 마리아의 하늘이다. 이들 8과 9의 하늘은 하늘 중의 하늘이고 곧 최종의 천국이다. 아마도 신의 나라, 신의 시민들은 승리의 노랫소리와 성모 마리아의 은총이 가득한 천국을 그들의 마음속에 두고 소망했을 것이다.

나는 아내와 함께 미켈란젤로 언덕에 올랐다. 피렌체의 아름다운 도시가 한눈에 들어왔다. 둥근 지붕의 큐폴라와 지오또의 종탑, 세례당, 베끼오 궁의 종탑이 낮고 붉은 지붕들 사이에서 천상을 향해 우뚝 솟아 있었다. 이 모두가 아르노 강과 함께 어울려 한 폭의 아름다운 그림처럼 붉은 석양빛에 물들어 있었다. 아내는 시내를 가르며 흐르는 아르노 강을 바라보면서 깊은 사색에 잠겨 있었다. 마치 단테가 베아트리체가 보낸 마틸데를 따라가 레테 강과 에우노에 강을 보듯이 아내는 그렇게 아르노 강을 바라보고 있었다. 레테 강은 죄의 기억을 모두 지워주는 망각의 강이고 에우노에 강은 자신의 선행을 다시 기억해 주는 강이다. 이 두 강물을 마시면 영혼의 갈증이 해소된다고 한다. 아내는 두 강물을 모두 마시고 영혼의 갈증을 해소한 것처럼 그 표정이 평안해 보였다.

'단테는 강 건너 숲에서 한줄기 흰빛이 허공을 가르는 섬광을 본다. 곧이어 일곱 개의 별이 이끄는 아름다운 마차를 본다. 꽃구름에 둘러싸인 마차에는 하얀 너울 위에 올리브관을 쓰고 불꽃 같은 붉은색 속옷이 내비치는 푸른 망토를 걸친 베아트리체가 타고 있다. 그녀는 그를 천국으로 인도하는 안내자였다. 단테는 두 강물을 마신 후 새로 돋아난 잎사귀처럼 더없이 순수한 영혼을 지니게 된다.'

내가 단테의 신곡에 취해 있을 그 시간, 아내는 아르노 강을 바라보며 천상에 있는 제이의 생각에 잠겨 있었다. 아마도 그녀의 마음속에는 순수한 영혼의 빛이 석양빛처럼 붉게 물들고 있었을 것이다.

족적 – 폼페이의 최후

나는 이탈리아 남부 도시, 나폴리로 갔다. 나폴리에는 나폴리 수호신의 이름에서 따온 산타루치아와 소렌토 그리고 카프리섬 등 아름다운 곳이 많다. 산타루치아는 중학교 음악시간에 많이 불렀던 나폴리 민요이다. 그 외에도 '돌아오라 소렌토로', '오, 솔레미오' 등 귀에 익은 유명한 민요들이 있다. 그만큼 나폴리는 낭만이 있고 애수가 깃든 항구이다. 또한 아침에는 찬란한 태양이 떠오르고 밤에는 별빛이 어리는 지중해 연안의 아름다운 도시이다. 그러나 나폴리는 아름다운 해변의 도시이지만 폼페이의 최후를 가까이서 지켜본 슬픈 도시이기도 하다.

나는 아내의 손을 잡고 폼페이의 최후를 생각하며 아름다운 절벽 아래 해변을 걸었다. 베수비오산이 그때의 참상을 머금고 있는 듯 묵묵히 우리를 굽어보고 있었다. 아내의 흰 운동화가 모래밭을 가볍게 파헤치며 족적을 만든다. 아내의 족적은 발걸음의 속도를 추월하지 않고 뒤따라 찍힌다. 그때, 최후의 심판이라는 단어가 나의 머릿속을 섬뜩하게 스친다. 아내의 족적이 금방이라도 지워질 것 같은 불안하고 위태로운 느낌이 든다. 베수비오산의 화산재에 폼페이가 파묻히던 최후의 날, 어느 노예 검투사와 아름다운 영주의 딸 사이에 얽힌 슬픈 사랑의 이야기가 떠올랐다. 화산재가 덮치던 날, 검투사는 노예의 신분에서 완전히 자유를 얻었고 영주의 딸은 신분을 넘어서 그녀의 사랑을 차지했다. 이들의 마지막 사랑의 포옹은 수많은 시간이 흐른 뒤, 움푹 파인 공간으로 남았다. 그 누가 이 슬픈 사랑의 공간에 석고를 부어 그들의 사랑을 되살려 놓았는가? 폼페이 최후의 잔해들이 눈에 선히 밟힌다. 폼페이에는 최후의 순간들이 지금도 그대로 남아 있다. 고통스러워하는 어린이의 표정, 애타게 절규하는 엄마의 표정, 서로 부둥켜안고 있는 연인의 모습, 사방으로 어지럽게 흩어진 가구들, 눕거나 쪼그려 웅크리고 앉아 있는 노인의 모습 등 다양하다. 마치 단테가 베르길리우스의 안내로 제7의 지옥을 갔을 때 신을 모독하고 오만과 분노를 참지 못한 자들이 벌을 받고 있던 처참한 모습처럼… 단테가 본 제7의 죄인들은 벌거벗고 각자의 다른 자세로 슬피 울고 있었다. 그리고 웅크리고 앉아 있거나 서성대고 있었으며 그들이 있는 모래밭에는 거대한 불꽃이 끊임없이 불을 붙이고 있었다.

나는 이들의 잔해들을 보며 순식간에 닥친 화산재의 재앙에 손쓸 수 없었던 미약한 인간의 존재에 환멸을 느꼈다. 나는 이런 상황을 그저 단순한 재앙이라고만 봐야 할까? 아니면 신이 내린 최후의 엄중한 심판이라고 해야 할까? 판단할 여지를 잃었다. 그러나 일부 종교론자들은 인간의 죄악과 관련지어 신이 내린 최후의 심판이라고 볼 수도 있지 않을까? 하고 생각해본다.

나는 아내의 운동화가 남기는 족적을 다시 본다. 나는 아내의 족적에 석고를 부어 넣듯 폼페이의 최후에 대한 생각과 이야기를 부어 넣는다. 그리고 그 족적이 아내의 머릿속에서 지옥 체험의 교훈으로 오래 기억되어 남기를 바란다. 그러나 이 세상에 영원한 것은 아무것도 없는 것. 그것마저도 폼페이의 최후처럼 어느 때, 순식간에 묻혀버릴지도 모르는 일. 우리는 지금 예측할 수 없는 슬픈 현재의 시간 위를 걷고 있다. 나는 다시 한번 아내의 손에 무언의 힘을 가하고 손을 꼭 쥐어 본다. 지중해의 에메랄드 물빛이 아내의 빨간 끈 꿴 흰 운동화로 서서히 스며들었다.

족적 – 아내의 천상 체험

사람들은 높은 곳에 오르고 싶어 하는 소망이 있다. 이러한 일종의 성취동기는 높은 산이나 하늘 같은 가시적 대상이나 비가시적 관념, 지위, 이상, 꿈 등을 실현하고자 하는 인간의 잠재적 보상심리에서 흔히 일어나는 현상이다. 거슬러 올라가면 바벨탑이 그렇고 중세의 종탑과 고딕 건축의 첨탑 그리고 하늘 높이 솟은 현대 도시의 마천루가 그렇다. 이러한 인간의 심리적 현상은 오슬로의 비겔란 조각공원에 있는 구스타브 비겔란의 높이 17m '모노리텐' 조각상에서도 볼 수 있다. 작가는 이 작품에서 끊임없이 위를 향해 높이 오르고자 하는 인간의 본성을 잘 표현하고 있다. 사람들은 누구나 높은 산에 오르면 하늘을 보며 그 어딘가에 천국이 있을 것이라는 막연한 생각을 하게 된다. 이러한 생각은 높은 산의 정상에서 하늘 가까이 다가섰다는 경외감과 신비감에 빠져드는 것과도 무관하지 않다. 나는 알프스의 고봉, 융프라우요흐 전망대에서 눈 밑에 펼쳐진 순백의 설원을 보았다. 그리고 하늘에 닿을 듯 높이 솟은 설산과 하늘 공간에 부유하고 있는 신비로운 흰 구름도 보았다. 나는 무한한 경외심과 신비감에 젖었다. 그 누가 이런 자연의 극점에서 위대한 조물주와 천상의 세계를 생각하지 아니하겠는가? 나는 아내와 함께 밖으로 나가 순백의 설원을 걸었다. 아내의 족적이 찍힌다. 흰 운동화의 빨간 끈이 방금 빨간 물감을 칠한 것처럼 순백의 설원 위에 선명히 드러난다. 하늘 구름이 내려다보고 흰 운동화의 빨간 끈에서 빨간 물감을 묻혀갈 듯 융프라우 정상 밑으로 내려온다. 아내는 하늘을 바라보며 비가시적인 천상 체험을 하는 듯 감회에 흠뻑 젖었다.

아내는 제이를 떠나보낸 후, 사후세계, 그것도 천상의 세계를 동경하며 산다. 단테가 그의 신곡에서 그리는 예수와 성모 마리아의 하늘은 아마도 융프라우 위를 떠도는 흰 구름보다 더 높은 곳에 있을 것이다. 그 하늘은 인간의 능력으로는 도저히 헤아릴 수 없는 지극히 높은 곳의 천국일 것이다. 그렇지만 아내의 천국은 역설적으로 어쩌면 가장 낮고 깊은 그녀의 가슴속에 존재하는지도 모른다. 단테의 천국에는 베아트리체의 순수한 사랑의 영혼이 있다면 아내의 천국에는 해맑게 웃고 있는 제이의 순수한 영혼이 있을 것이다. 그러므로 아내의 마음은 항상 가난해지고 더없이 깨끗해져야 한다.

아내는 예수의 산상수훈(마태), 8복 중에서 3, 8번에 나오는 '마음이 가난한 자와 청결한 자는 복되고 천국이 그들의 것' 이라는 성구를 믿고 있다. 마음이 가난해진다는 것은 곧 마음을 비우고 한없이 낮아져야 한다는 것이다. 그리고 마음이 청결해진다는 것은 더러운 죄와 욕심을 말끔히 씻어내고 정화되어야 한다는 것이다. 이와 같이 마음이 가난해지고 청결해진 상태일 때 천국은 아내의 마음에서 떠나지 않고 그녀의 영토로 존재하게 될 것이다. 아내는 하늘 가까이서 하늘을 보며 그녀의 깊은 마음속으로 깊이 침잠되어가고 있었다. 비가시적인 천국의 영토, 그런 마음속으로….

아내가 빨간 끈 꿴 흰 운동화를 신고 융프라우요흐 전망대에 오른 것은 이번이 처음이다. 이러한 일은 아마도 그녀의 일생에 있어서 처음이자 마지막일지도 모른다. 따라서 이번, 아내의 천상 체험은 그녀의 마음이 가난해지고 깨끗해지는 계기가 되었을 것이다. 그리고 진정한 천국은 가난하고 깨끗한 마음속에 있으며 스스로 그 영토를 끊임없이 가꾸어 나가야 한다는 것도 새삼 깨닫게 되었을 것이다.

족적 – 회귀하는 길

뻐꾸기시계가 사방에서 울려 퍼진다. 오스트리아의 어느 작은 도시가 고즈넉한 밤을 선사했다. 평온한 밤을 보내고 라인강 숲길을 걸었다. 중세의 고성이 운치를 더해준다. 작은 마을, 뤼데스하임에 있는 로렐라이 언덕에서 중학교 시절, 음악 시간에 배웠던 프리드리히 질러가 작곡한 '로렐라이 언덕'의 노래를 조용히 불렀다. 아내도 가느다란 콧소리로 따라 불렀다. 현장에서 부르는 노래라서인지 감회가 더 깊었다. 그 노래는 라인 강의 물줄기를 타고 반짝이며 유유히 흘러갔다. 나는 템스 강에서도 타워 브리지를 바라보며 초등학교 때 철없이 나대며 그것도 빠른 템포로 반복해서 불렀던 '런던 브리지'의 노래를 불렀다. 타워 브리지는 아름다운 템스 강의 상징물과도 같다. 과거에는 배들의 통행을 위해서 1년에 6천 번 이상이나 다리를 들어 올리는 장관이 펼쳐졌다니 놀라웠다. 그러나 지금은 그 횟수가 200여 회로 줄어들었다고 한다. 앞으로는 얼마나 더 줄어들지 아니면 더 이상 타워 브리지의 들어올리는 장관을 볼 수 없게 될지 걱정된다. 이러한 장관이 얼마나 경이로웠으면 노랫말에도 '런던 다리가 무너졌다! 나의 아름다운 여인이여!'라고 했을까? 마침, 나와 아내는 그 현장을 직접 보는 행운을 얻었다. 정말 다리가 올라가고 배가 지나갔다. 그것은 장관이었다. 아내는 아름다운 비명까지 질렀다. 실감 나는 순간이었다. 영국의 국회의사당 북쪽 끝에 세워진 빅벤 시계탑이 템스 강과 조화를 이루며 한 폭의 그림 같은 고전적 아름다움을 더해주었다. 정오를 알리는 시계탑 종소리가 울려 퍼졌다. 나는 버킹엄 궁전으로 갔다. 궁전 앞에서 펼쳐지는 화려하고 절도 있는 근위병 교대식이 멋스러워 보였다. 대영제국의 전통적 위엄이 흠씬 풍겼다. 곧이어 빨간 이층 버스를 타고 대영박물관에 갔다. 그 안에 있는 도서관의 내부도 둘러보았다. 박물관은 물론 도서관의 큰 규모에 한 번 놀랐다. 원형 열람실의 웅장하고 아름다움에 두 번 놀랐다. 세계에서 가장 크다는 도서관의 위풍이 느껴졌다. 특히 열람실 중앙돔의 천장에서 비치는 열푸른 빛은 사람들의 눈길과 마음을 한꺼번에 사로잡았다.

박물관과 도서관을 뒤로한 채 넓은 영토와 13억의 인구 그리고 오래된 역사와 문화유산을 가진 인도와도 바꿀 수 없다는 셰익스피어! 그의 생가를 찾아갔다. 스트랫퍼드어폰에 이번은 전원지대로 영국 전통 양식의 주택과 그의 무덤이 있는 홀리트리니트 교회가 있었다. 그는 세계적인 대문호이다. 그는 로미오와 줄리엣, 베니스의 상인, 4대 비극인 햄릿, 오셀로, 리어왕, 맥베스 등 수많은 희곡작품을 남겼다. 그의 작품 표현은 명대사를 통해서 뚜렷해진다. 그는 베니스의 상인에서 악덕 고리대금업자 샤일록이 베니스 상인 안토니오에게 돈을 빌려주는 대신에 만약 그 돈을 못 갚을 때는 '당신의 심장에서 가장 가까운 부분의 살 1파운드를 베어낸다.'고 조건을 단다. 이에 재판관으로 변신한 친구의 연인, 포사는 '살을 베어가되 피는 한 방울도 흘려서는 안 된다'는 재치 있는 반격을 한다. 이러한 표현은 감히 누구도 표현할 수 없는 명대사이다. 그리고 멕베드에서 멕베드가 덩컨 왕을 살해한 직후, 아내에게 한 대사도 유명하다.

'죄 없는 잠을 살해했소, 걱정이라는 흐트러진 번뇌의 실타래를 곱게 풀어서 짜주는 잠, 그날그날 생의 적멸, 괴로운 노동의 땀을 씻고 마음의 상처를 낫게 하는 영약, 대자연이 베푸는 제2의 생명. 생의 향연에 최대의 자양분을 주는 그 잠을 말이오.'

한편, 그의 또 하나의 작품, 오셀로에서 오셀로가 데스데모나를 죽이기 전에 한 명대사도 있다.

'촛불을 끄고 다음에는 이 촛불, 생명의 촛불을 꺼야지. 타오르는 촛불아, 너는 꺼졌다가도 뉘우치면 다시 켤 수도 있다. 그러나 온갖 수공을 들여 만든 자연의 본보기인 그대의 촛불은 한번 꺼버리면 다시 밝힐 수 있는 프로메테우스의 불

은 찾을 길이 없다.'

그 외에도 그의 수십 편의 희곡에 나오는 내용 하나하나가 명대사이다.

그의 생가 밖, 작은 무대에서는 중세 복장을 한 배우들이 셰익스피어의 주요 작품을 열정적으로 공연하고 있었다.

그의 생가를 둘러보고 인근에 있는 코츠월드의 아름다운 중세 마을로 갔다. 그동안의 피로가 한꺼번에 풀리는 것 같았다. 아내는 에이번 강의 백조처럼 마음이 평온한 듯 한껏 여유로운 표정으로 나를 바라본다. 나는 마음속으로 '나의 반쪽은 당신의 것, 나머지 반쪽도 당신의 것'이라는 가장 부드럽고도 강력한 사랑의 메시지를 아내에게 보낸다.

그동안의 지나온 여정이 나의 머릿속에서 잔잔한 파륜을 인다.

서유럽여행을 마치고 회귀하는 기분이 평화롭고 흐뭇했다. 아내가 노트르담 성당에서 신의 음성을 듣고자 기도하던 모습, 피렌체에서 단테의 신곡에 심취하던 모습이 떠올랐다. 그리고 나폴리에서 폼페이 최후의 잔해를 보며 지옥 체험을 하고 융프라우에서 천상 체험을 하던 모습도 떠올랐다. 이 모든 여정이 꿈속에서 단테의 신곡 세계를 여행한 것 같았다. 사람들이 아내의 흰 운동화를 바라본다. 그들은 무슨 생각을 하며 바라보는 걸까? 족적을 남기고 본연으로 회귀하고 있는 빨간 끈 꿴 흰 운동화를……

천상의 선물

아내는 서유럽여행을 회상하며 1코스를 말없이 내려오다가 길옆에 있는 벤치에 잠시 앉았다.

나는 아내의 떨어진 운동화 밑창을 들고 자세히 살펴보았다. 그 밑창의 바닥은 마치 벌집처럼 완전한 정육각형 구조로 되어 있었다. 한때, 농밀한 꿀처럼 가득 채워져 있었던 족적의 집이 텅 비어 있었다. 아마도 긴 시간의 흐름에 흘러내렸을 것이다. 그러나 아직도 밑창은 정육각형의 경계를 뚜렷이 이루고 있었다. 아내의 폐허처럼 빈 족적의 집이 어쩐지 허전하고 서글퍼졌다. 나는 아내와 함께 자작나무 숲길 입구를 빠져나왔다. 그리고 산채비빔밥으로 시장기를 때우고 원대리 계곡을 벗어났다. 나는 서울 방향의 삼팔도로를 시속 80km

로 달렸다.

아내는 피곤했던지 삼팔 휴게소를 지나자 곧 잠이 들었다. 아내의 곤한 잠은 그렇게 20여 분간 계속되었다. 홍천 며느리고개 터널을 빠져나오고서야 아내는 깊은숨을 내쉬고 잠에서 깨어났다. 아내는 손에 쥐었던 무엇인가를 놓치고 난 듯 어리벙벙한 표정으로 한참 동안 나를 바라보며 말했다. 꿈을 꾸었다고….

아내는 '천상의 숲'에서 제이를 만났던 것이다.

–제이는 환히 웃으며 엄마 곁으로 달려왔다. 제이의 두 손에는 빨간 끈 꿴 흰 운동화가 들려있었다. 제이는 엄마한테 운동화를 내밀었다.

"엄마! 이것 새 운동화야, 내가 사 온 거야! 엄마 운동화는 낡고 밑창까지 떨어졌잖아, 그래서 새 것으로 갈아 신으라고 거금을 들여 사 온 거야, 어때!, 좋지?"

"아니, 네가 이 운동화 밑창이 떨어진 줄 어떻게 알고 사 왔어? 운동화 값도 비쌀 텐데, 돈이 어디 있어서…."

"내가 엄마 운동화 신고 다니는 걸 계속 지켜봤잖아! 그리고 나 돈 많아, 엄마! 나 하늘 항공사의 통역사로 취직했거든…."

"그래, 잘했다. 우리 제이가 이렇게 대견스러울 줄이야 미처 몰랐네. 이 운동화 고마워, 내 마음에 꼭 들어! 이제 네가 사 준 새 운동화로 갈아 신어야지."

"엄마! 엄마가 신었던 낡은 운동화는 나 줘! 내가 가져갈 거야."

"그거 헌것을 뭣하게? 버리지 않고…."

"아니야, 왜 버려? 엄마가 신었던 것인데, 엄마가 다니던 곳마다 내가 따라 다녔잖아! 엄마는 그것도 몰랐어? 엄마가 핀란드 갔을 때는 얼마나 신났는지 알아? 나 그때 메아도 핸리도 만났어. 얼마나 기뻤는지 몰라. 엄마! 고맙습니다! 고마워요, 잊지 않을게요. 그래서 엄마가 신던 운동화는 나에게 소중해. 엄마의 족적이니까."

"네가 그렇게 소중히 생각한다면 가져가야지. 제이야! 고맙다!"

제이는 엄마가 신던 운동화를 손에 들고 산마루 쪽 자작나무 숲, 흰 기둥 사이로 사라졌다. 제이가 사 준 빨간 끈 펜 흰 운동화는 운동화 양 날개의 표면에 천상의 자작나무 숲이 그려져 있었다.

엄마는 가슴에 그 운동화를 꼭 껴안았다.-

모든 것이 꿈이었다. 누가 일장춘몽이라는 말을 했던가? 아내는 그 말이 이렇게도 절실히 가슴에 다가올 줄이야 미처 몰랐다.

나는 아직도 눈감은 채 꿈에서 깨어나지 못한 듯 가슴에 얹고 있는 아내의 창백한 두 손을 보며 서울을 향해 달리고 있었다.

자작나무들은 마치 수천수만의 흰 기둥처럼 하늘을 향해 쭉쭉 뻗고 서 있다. 그리고 수많은 푸른 잎사귀들을 떠받치며 넓은 숲 그늘을 만든다. 이따금 산바람이 푸른 잎사귀들을 흔들면 환한 태양빛 줄기가 푸른 잎사귀 사이로 깊숙이 파고든다

꽃사슴 인형

1

숲속은 숲 바깥세상과는 전혀 다른 딴 세상이다. 그것이 깊은 산중의 숲속이라면 더욱 그렇다. 또한 그것이 한여름의 숲속이라면 딴 세상 이상의 원시림 같은 자연의 진수이다. 이 산은 주로 자작나무 군락으로 이루어진 숲이다. 자작나무들은 마치 수천수만의 흰 기둥처럼 하늘을 향해 쭉쭉 뻗고 서 있다. 그리고 수많은 푸른 잎사귀들을 떠받치며 넓은 숲 그늘을 만든다. 이따금 산바람이 푸른 잎사귀들을 흔들면 환한 태양빛 줄기가 푸른 잎사귀 사이로 깊숙이 파고든다. 이러한 태양빛 줄기는 숲 바깥의 뙤약볕과는 차원이 다르다. 시원한 산들바람을 몰고 오기 때문이다.

'빛은 구하는 자만이 빛을 얻는다. 중요한 것은 빛은 비추는 것이 아니라 구하는 자의 빛이 되는 것이다.'

어느 수도원을 나온 노인의 말을 레프 니콜라예비치 톨스토이가 그의 일기장에 적어놓은 일기의 한 부분이다. 숲속으로 파고드는 태양빛은 바로 받는 자의 빛이다. 다시 말해서 숲속에 사는 모든 생물체들의 빛이다. 그래서 숲속은 한층 활력 있고 평안해진다. 다람쥐는 이리저리 자작나무들을 자유자재로 오르내리고 산새들은 나뭇가지에 앉아 고운 소리로 지저귄다. 자작나무 밑의 키 작은 풀꽃들은 또 하나의 작은 풀꽃 숲을 이루고 풀벌레들을 모은다. 그러면 풀벌레들은 풀꽃 숲에 몸을 숨기고 가느다란 울음을 운다. 숲속은 숲속에 사는 생물체들의 자연 코러스 마당이다. 이들은 가지가지 음색을 지닌 울음소리를 낸다 높고 낮은가 하면 굵고 가늘고 길고 짧은가 하면 빠르고 느리다. 그 소리들은 한데서 들리지 않고 각자의 몸을 숨긴 위치에서 울려 퍼진다. 기본적으로 깔리는 배경음은 뭐니 뭐니 해도 계곡을 흐르는 맑은 물소리이다. 그 은은하고 청아한 물소리는 경쾌한 율동감마저 준다. 그래서 멀리 떨어져 있는 이름 모를 산짐승들이나 꽃사슴 등 숲속의 침묵자들에게는 매혹적인 자연의 소리이다. 그러므로 계곡의 맑은 물소리는 이들을 끌어모아 자연 코러스의 진정한 감상자로 만든다. 그 위력이 대단하다. 이렇게 하여 숲속의 생물체들은 자연 속에서 한데 어울려 사는 자연의 한 가족이 된다. 현재적 의미에서 가족은 가까운 사회적 공동체의 기본 조직이다. 좀 더 이러한 가족의 현재적 시점을 강조하는 의미에서 본다면 평소 자작나무 숲길을 사색하며 그렇게도 자주 걷던 톨스토이의 명언 몇 마디를 떠올리지 않을 수 없다.

'가장 중요한 때는 현재다. 왜냐하면 사람이 자기 자신을 통제할 수 있는 것이 현재이기 때문이다. 가장 중요한 사람은 현재 당신이 무슨 이유에서든지 관계하고 있는 그 사람이다. 누구나 자기가 이후에도 그 사람과 관계를 유지하게 될 것인지 어떤지는 모르기 때문이다. 가장 중요한 일은 현재 무슨 이유에서든지 있는 사람들을 모두 사랑하는 일이다.'

숲속의 생물체들은 모두가 자연의 한 가족으로서 이들에게도 스스로를 통제할 수 있는 현재가 존재한다. 그리고 서로 관계를 맺고 유지하며 사랑하는 것이 중요한 일이다. 숲속의 평화와 안식은 이들의 진정한 가슴 떨림 같은 사랑에서 비롯된다. 숲속의 사방에서 자연 가족의 코러스가 들려온다. 숲속은 자연 그대로의 진수가 평화의 숲 그늘처럼 넓게 깔려 있는 딴 세상이다.

2

숲속의 풀꽃 자생지에는 산 찔레꽃 나무가 울타리처럼 엉켜 에워싼 작은 통나무집 한 채가 있다. 사람이 사는 집이라고 하기에는 너무 낮고 낡아서 차라리 움막집이라고 해도 좋을 것 같다. 이 집은 숲속에서 유일한 그의 집이며 작업 공간이기도 하다. 그는 이곳에서 자작나무로 산짐승의 인형을 조각하는 노인 작가이다. 방안 한구석에는 그의 작업대가 조그마한 책상처럼 놓여 있다. 낮에도 방이 어둠침침해서 그 위에는 항상 촛불이 켜져 있다. 그리고 그의 작업대 주변에는 십오 센티 정도로 잘린 자작나무 통나무 토막이 모형 피라미드 모양으로 쌓여 있다. 또한 그의 손끝이 닿을 만한 가까운 곳에는 각종 조각 도구와 붓과 물감 등이 순서를 기다리는 듯 언제나 대기하고 있다. 한편 퇴색한 사방의 벽면에는 까치발을 단 네 칸짜리 자작나무 판 선반이 설치되어 있고 그 위에는 각종 산짐승들의 인형이 얹혀 있다. 금방이라도 산짐승들의 기이한 울음소리가 들릴 것만 같다. 이러한 산짐승들 중에서 단연, 가장 눈에 돋보이는 것은 어린 꽃사슴 자매 인형이다. 이 꽃사슴 자매 인형은 아름답기도 하지만 방문을 열면 단번에 눈에 띈다. 맨 위, 선반의 왼쪽에서 첫 번째 위치에 나란히 놓였기 때문이다. 꽃사슴 자매 인형은 그가 숲속에 들어온 후 한 달쯤 지나서 처음으로 만든 작품이다. 그래서 그는 이 작품에 애착이 더 간다. 그가 꽃사슴 자매 인형을 만들게 된 것은 숲속 계곡의 물가에서 우연히 꽃사슴을 처음 보고 나서이다. 그는 그때, 그 꽃사슴의 아름답고 고귀한 자태와 애수에 젖은 듯한 커다란 눈망울을 보는 순간, 꽃사슴에게 완전히 매료되었다. 그 눈망울은 더없이 맑고 순수했다 하늘에서 내려보낸 천사의 모습 그 자체였다. 이 세상의 온갖 추함과 더러움 그리고 오욕과 번민에 오염된 마음까지도 모두 정화시켜줄 것 같았다. 또한 그의 가슴속에 낙엽처럼 켜켜이 쌓여 짓누르고 있는 지난날의 슬픔과 그리움의 한까지도 말끔히 걷어내어 줄 것이라는 기대심도 작용했다. 그러므로 꽃사슴은 그의 마음속에 순수의 표상으로 짙게 각인 되었다. 그는 꽃사슴이 물을 마시고 점점 먼 산마루 쪽, 자작나무 흰 기둥 사이로 빠져나갈 때까지 수풀 속에서 계속 숨죽여가며 지켜보았다. 그런 후 곧바로 집에 돌아와서 작업대 앞에 앉았다. 꽃사슴 인형의 작업은 어떠한 밑그림이나 설계도 없이 일사천리로 진행되었다. 그의 마음에 이미 각인되었기에 가능한 일이었다. 열흘이 지나서야 첫 번째 꽃사슴 인형이 완성되었다. 곧이어 또 하나의 꽃사슴 인형이 엿새 만에 완성되었다. 이들 꽃사슴 자매 인형은 그의 혼과 정성이 담긴 작품이다. 언제부터인가 꽃사슴 자매의 인형은 그도 모르게 그의 가장 사랑하는 가족이 되어 있었다. 그리고 그의 곁에서 그의 마음을 정화시켜주는 천사 자매가 되었다. 그는 이들 천사 자매에게 예쁜 이름까지 지어주었다. 언니는 에리, 동생은 유나라고 불렀다. 그에게는 그 이름만큼이나 예쁘고 귀여운 꽃사슴 천사 자매이다. 그는 습관처럼 늘 혼잣말로 중얼거린다. 그러나 에리와 유나가 탄생하고부터는 이들과 마음속에 담아두었던 과거나 현재의 상황을 숨김없이 모두 털어놓는다. 그래서 그는 숲속에서 느끼는 외로움이나 그리움이 거의 없어졌다. 그도 모르게 어느새 숲속의 생활이 즐거워진 것이다. 자작나무 푸른 잎사귀 사이로 파고드는 태양빛 줄기가 그의 빛이 되어가고 있다고나 할까? 그만큼 그의 마음은 평안해졌다. 에리와 유나는 사이좋게 나란히 앉아 있다가도 서로의 얼굴을 마주 보면 시샘 섞인 말투로 곧잘 다투기도 한다.

"언니보다 내가 더 예뻐!"

"아니야 내가 너보다 더 예쁘지!"

하고…

그는 이러한 에리와 유나를 보면 귀엽기도 하고 한편으로는 마음이 흐뭇하기도 하다. 그럴 때마다 그는 숨기려는 듯 한쪽으로 고개를 돌려서 미소를 지으며 행복감에 빠져든다. 한 번은 유나가 갑자기 그에게

"할아버지! 언니보다 내가 훨씬 예쁘고 잘 생겼지요? 그리고

커다란 눈과 오뚝한 코도 그렇고요."
하고 재촉하듯이 말해서 당황스런 적도 있었다. 그 당시 그는 에리나 유나는 다 잘 생기고 예쁘다고 변명 아닌 변명으로 둘러대곤 했다. 그러면서도 '얼마나 자기 얼굴이 보고 싶어 궁금할까? 거울이 있다면 좋을 텐데…' 하는 안타까운 생각이 들었다. 그는 혼자 곰곰이 생각해 보았다. 잠시 후 생각이 그의 머릿속을 스쳐 갔다.

'바로 이거야! 이거란 말이야, 물! 계곡의 맑은 물! 그것이 거울인 거야.'

그는 숲속의 맑은 계곡물에 비치던 꽃사슴 모습이 떠올랐다. 그는 에리와 유나 앞으로 바짝 다가갔다. 그리고,

"에리야!, 유나야! 우리 숲속에 있는 계곡에 가자, 작품 만들 자작나무 재료도 찾고 너희들에게 거울도 보여줄 거야!"

그의 말이 떨어지기가 무섭게 에리와 유나는 약속이나 한 듯 동시에

"와!"

하고 손뼉을 치며 소리쳤다. 그리고

"좋아요 우리 할아버지가 최고야! 지금 당장 가요."

하며 그의 손을 붙들고 끌어내듯 잡아당겼다. 문밖은 한낮의 태양빛이 쨍쨍 내리쬐고 극성스럽게도 매미들은 마구 울어댔다. 마냥 신나있는 편은 에리와 유나이다. 그는 에리와 유나를 데리고 깊은 숲속으로 들어가 계곡에 이르렀다. 계곡에는 맑은 물이 흐르고 펀펀히 낮게 엎드린 바윗돌이 파란 이끼가 낀 채로 물기를 머금고 촉촉하게 젖어 있었다. 물줄기를

따라 곧바로 흘러내려 가지 않고 바윗돌 옆으로 살짝 돌아서 가늘게 스며든 물이 누군가 잠시 가둬놓은 듯 둥근 손거울처럼 작은 물웅덩이를 만들고 말갛게 담겨 있었다.

"자, 여기가 바로 거울이야, 너희들이 그토록 보고 싶었던 예쁜 얼굴을 볼 수 있는 거울이란 말이야, 가만히 들여다봐! 너희들 얼굴이 비칠 거야."

에리와 유나는 죽은 듯이 숨을 멈추고 작은 물웅덩이에 자신들의 얼굴을 가까이 대고 신기한 듯 빤히 들여다보고 있었다. 그때 그는 자작나무 숲으로 깊숙이 들어갔다.

지난해 태풍에 쓰러진 자작나무를 찾기 위해서이다.

여름철의 날씨는 변덕스러울 만큼 수시로 변한다. 특히 장마철에는 그 날씨 변화가 심해서 기상상태를 예측하기란 그리 쉽지 않다. 갑자기 숲이 어두워진다. 어두워진 숲속에 '번쩍' 하고 섬광이 스치더니 요란한 천둥소리와 함께 장대비가 쏟아진다. 그는 걱정이 앞서 하던 일을 멈추고 에리와 유나가 있는 계곡의 물가로 급히 허겁지겁 내려왔다.

'아뿔싸!'

그가 바라본 물가는 악마의 요정이 갑자기 불어난 물로 계곡을 범람시키고 한순간에 모든 것을 삼켜버렸다. 그리고 뒤도 돌아보지 않고 거침없이 휩쓸며 낮은 계곡으로 세차게 흘러가고 있었다. 그는 본능적인 외마디로

"에리야! 유나야!"

하고 소리쳤다. 그러나 에리와 유나는 보이지 않았다. 그는 물가 주변의 수풀을 마치 굶주린 야수처럼 샅샅이 헤쳤다.

그때 한쪽에서 쓰러진 채 신음소리가 났다. 에리는 그를 보자 울부짖듯

"할아버지 유나가 물에 떠내려갔어요!"

하고 소리쳤다. 그는 에리를 부축하고 사정없이 흘러내려 가는 물줄기를 넋을 잃은 상태로 그냥 멍하니 바라보며 힘없이 유나를 불렀다.

3

그는 유나가 실종된 이후부터 그때의 현재The present in the past라는 다소 모호하고 애매한 어법의 표현을 쓴다. 그것은 그가 그의 과거를 지금도 여전히 잊지 못하고 현재처럼 생생하게 떠올리고 있다는 증거이기도 하다, 그러나 그는 그때의 현재를 통제할 수 있는 기회와 원만한 관계를 유지할 수 있는 방법을 대부분 상실했다. 이와 같은 사실은 그가 그때의 현재를 모호하고 애매한 어법으로밖에 표현할 수 없는 결정적인 허점이다, 그보다 더 중요한 것은 그가 사랑을 베풀 수 있는 역량을 충분히 발휘하지 못했다는 아쉬움이다. 그래서 그는 아직도 죄책감과 자괴감에서 벗어나지 못하고 있다. 이러한 현상으로 그의 가슴은 항상 슬픔의 그늘로 짙게 드리워져 있다. 아마도 그는 그 숲속을 파고드는 한줄기 태양빛이 그의 마음의 빛이 될 때까지는 수많은 시간을 슬픔의 도피적 심리상태에서 지내야 한다. 자연의 평화와 새 생명의 기운이 그의 마음속에 깃들 때까지 그는 줄곧 그래야 할 것이

다.

4

'행복한 가정은 그 모습이 다들 비슷비슷 하지만 불행한 가정은 그 이유가 제각기 다르다.'라는 말은 톨스토이의 장편소설 '안나 카레니나'에 나오는 첫 문장이다. 행복과 불행은 정반대의 개념이다. 그러나 순서는 일정하지 않지만 행복과 불행은 사람들의 삶과 함께 공존한다. 물론 대부분의 사람들은 이들 두 가지 사실의 공존을 결코 바라지는 않는다. 오로지 불행이 아닌 행복만을 그들의 삶이 되기를 원한다. 그러나 운명의 신은 사람들이 원하는 것처럼 그렇게 호락호락하지는 않다. 시간이 지남에 따라 행복은 일반적으로 그들에게 잊지 못할 추억이 되고 그리움이 된다. 반면에 불행은 각각의 다른 이유가 있는 그들에게 슬픈 과거가 된다. 이러한 슬픈 과거는 현재의 시간 속에서도 오래 남는다. 특히 그것이 충격적인 불행일수록 그 잠재적 슬픔은 더 크게 지속된다. 그러므로 잠재적 슬픔은 언제 어디서나 외부의 환경이나 심리적 상태에 따라 시한폭탄처럼 폭발할 가능성도 상존한다.

그는 유나의 실종을 계기로 그동안 낙엽처럼 켜켜이 쌓이고 쌓인 과거의 슬픈 감정이 폭발하듯 되살아났다. 지금은 슬픈 과거가 된 일이지만 그는 제이를 보며 하나의 위대한 조각상을 꿈꾸었다. 그는 날마다 조금씩 조금씩 완성을 향해 조각되어가는 그 과정을 보듯 날로 성장해가는 제이의 어엿한 모습을 지켜보았다. 제이는 그의 소중한 아들이다. 그가 아무 인적도 없는 이 깊은 산중의 숲속에 들어온 것도 따지고 보면 지난날 그의 불행했던 슬픈 기억을 잊고 싶어서였다. 제이는 어린 꽃사슴 유나처럼 고등학교 이학년의 어린 나이에 그의 곁을 떠났다. 그는 제이와의 행복했던 추억을 많이 가지고 있다. 그때는 제이가 있어서 그의 가정에는 항상 웃음이 그칠 새가 없었고 행복하기만 했다. 특히 제이는 산을 무척 좋아했다. 제이가 중학교 삼학년 때의 한여름이었다. 그의 가족은 꼭두새벽부터 천안역에서 대전행 새벽 열차를 타고 계룡산 등산길 나들이에 나섰다. 제이는 열차 안에서 형과 함께 카세트 이어폰을 각자의 한쪽 귀에 하나씩 나누어 꽂고 키득거리며 즐거워했다. 그는 그의 아내와 함께 두 아들의 즐거워하는 모습을 보며 더없는 행복감에 잠기기도 했다. 어느새 열차는 소정리역을 지나 전의역에 이르고 있었다. 차창 밖의 푸른 들판에서는 설깬 아침이 흰 홑이불처럼 뿌연 새벽안개를 덮고 발가락을 꼼지락거리듯 그렇게 깨어나고 있었다. 수십 분이 흘러서 시간은 그의 가족을 대전역에 내려놓고 또 다른 화살표 방향을 제시하며 닭벼슬처럼 생겼다는 계룡산으로 안내했다. 계룡산 입구의 광장에 도착하자마자 제이는

"아! 계룡산이다! 저 산꼭대기 좀 봐! 신기하네. 산봉우리가 마치 닭벼슬 같아."

하고 형을 자기 앞으로 끌어당기며 검지를 펴서 산봉우리 쪽을 가리켰다. 그의 가족은 누구의 명령도 구호도 없이 한동안 부동자세로 서서 산봉우리를 바라보았다. '꼬끼오!' 하고

금방이라도 닭 울음소리가 들리는 듯했다. 제이는 뚜껑이 없는 하늘색 차양 달린 모자를 쓰고 반바지에 배낭을 메었다. 그리고 그는 운동회 때 쓰던 운동모자에 제이처럼 역시 반바지를 입었다. 또한 그의 아내는 반바지에 둥근 모자, 큰아들은 긴 청바지에 둥근 등산모를 썼다. 이쯤 되면 아마추어 등산객의 시늉은 대충 갖춘 셈이 되었다. 그는 가족과 함께 계룡산의 정상을 정복할 작정으로 산에 오르기 시작했다.

5

계곡에는 색색의 텐트가 제멋대로 방향을 달리하며 설치되어 있었다. 텐트 밖에는 반라의 젊은이들이 하양, 노랑, 파랑 등의 긴 수건을 목에 걸고 취사를 하고 있었다. 바짝 달라붙어 앉아서 기타를 치며 노래를 부르는 젊은 남녀의 발랄한 모습도 아름답게 보였다. 어느 정도 계곡을 오르다 보니 넓고 맑은 물웅덩이가 그의 발걸음을 멈추게 하였다. 주위에는 넓은 바위가 누워있는 듯 펼쳐져 있었고 물웅덩이는 둥근 손잡이 거울처럼 그의 가족의 모습을 물속에 담아주었다. 그의 가족은 이곳에서 자리를 잡기로 하고 제이의 배낭에서 취사도구를 모두 꺼내어 취사를 시작했다. 반나절까지를 이곳에서 보냈다. 집을 떠나 계곡에서 점심을 먹는 음식 맛이라니 경험하지 않은 사람들에게는 구태여 말할 필요조차 없을 것이다. 그는 가족 나들이를 잘했다는 생각이 몇 번이나 들었다. 가족이 한데 모여서 대화할 수 있게 된 것은 큰 소득이었다.

그보다 더 중요한 것은 그동안 잊어버릴 뻔했던 가족의 공동체 의식의 회복이었다. 말이 나왔으니 말이지 그동안 그의 가족은 각자의 생활에 쫓기며 살아왔다. 그는 그대로 가족과 떨어져 살아왔고 그의 아내는 아내대로 생활에 지쳐 있었으며 큰아들과 제이는 사춘기의 거센 갈등과 좌절을 극복해야 했던 것이다. 따라서 그의 가족은 그동안 가정의 따뜻함보다는 대화가 차단된 냉기류상태에서 생활해온 셈이었다. 그런데 이러한 가족 나들이는 가족의 냉기류상태를 온기류 상태로 변환시키는 계기가 되었다. 가족의 봉숭아꽃 웃음을 다시 한번 터트리게 된 것이다. 점심식사를 마치고 그의 가족은 계룡산에서 가장 높다는 천황봉에 오르기로 했다. 글자 그대로 하늘에서 천황이 내려와 머물었다는 천황봉인가? 그는 나름대로의 신비감에 빠져 보기도 했다. 그러나 그의 아내는 끝내 다리가 아프다는 핑계로 천황봉을 정복할 좋은 기회를 포기하고 말았다. 그는 짜증스러울 정도로 못마땅했다. 그렇지만 그는 꾹꾹 참기로 했다. 그는 평소 산을 좋아하기 때문에 등산 부부를 선망해 왔다. 그런데 아내의 건강이 이 정도라면 그것도 헛된 망상이 되는 것이 아닌가? 그는 마음속으로 두런거리며 큰아들과 제이와 함께 천황봉 등산길에 올랐다. 간단한 음료수를 챙기고 긴 수건을 목에 걸친 두 아들의 건장한 모습이 당당하게 보였다. 삼부자는 산 중턱까지 올랐다. 등산로가 험하여 가슴이 팍팍하고 갈증이 심해지기 시작했다. 하늘을 찌를 듯 빽빽하게 들어선 나무숲이라서 시원한 바람도 있으련만 한여름의 찜통더위를 믹서기에 갈아내는 듯 매미 소리마저 지겹게 들렸다. 이러한 상황에서는 아무런 체면도 생각할 수 없었다. 하나만 걸쳤던 얇은 티셔츠도 홀랑 벗어 던지고 짧은 바짓가랑이도 올릴 때까지 올려 감았다. 벌써 큰아들과 제이는 그와는 상당한 거리 차로 앞서서 올라가고 있었다.

6

그는 더 이상 올라갈 수 없어 땅바닥에 반쯤 누운 자세로 패잔병처럼 있었다. 이윽고 두 아들의 정상정복을 알리는 "야호! 야호!" 소리가 나무숲 사이로 들려왔다. 그는 다시 등산길에 올랐다. 그러나 삼사 미터도 못 올라가서 쉬어가야 했다. 올라가는 거리는 짧고 쉬는 시간은 길어졌다. 이것은 정상정복의 포기로 가는 증상이었다. 체력의 한계였다. 이따금 내려오는 젊은이들은 그에게 격려의 말을 던져주고 지나갔다. 그럴 때마다 그는 어린아이처럼 응석을 부리듯 여기서 정상이 얼마나 남았느냐고 묻곤 했다. 한참 동안을 포기와 정복의 갈등에서 헤매고 있을 때 두 아들이 미끄러지듯 빨리 내려왔다. 아빠 구출 작전이었다. 큰아들은 엄마가 있는 산 아래로 계속 내려갔고 제이는 축 늘어진 그의 어깨를 부축하며 정상정복을 재촉했다. 그는 정상정복을 더 이상 포기할 수 없었다. 결국 그는 제이와 함께 정상정복에 성공했다. 천황봉 정상에는 오랜 세월의 모진 풍우에도 견디어낸 키가 짤막하고 줄기가 굵은 나무들이 울타리처럼 단단하게 얽혀 숲을 이루고 있었다. 한복판에는 누각이 있고 그 옆에는 빛바랜 천황봉 표지의 돌비석 한 개가 묵묵히 서 있었다. 정상에서 내려다보이는 산사의 지붕이 안개에 파묻혀 아름답게 보였다. 하늘에는 흰 구름이 아름다운 경지를 넘어 신비감을 더해주고 있었다. 그는 제이와 함께 바윗돌에 걸터앉아 천상의 신비를 꿈꾸며 깊은 사색에 몰입되고 있었다. 그리고 잠시 후 그는 다시 하늘을 우러러보고 산 아래의 세상을 내려다보며 어느 시인의 시 한 구절을 떠올렸다. '나 하늘로 올라가리라 아름다운 이 세상 소풍 끝내는 날…' 그리고 그 시간, 높이 솟은 중세 교회의 첨탑에서 하늘을 향해 영혼의 종소리가 울려 퍼지듯 그의 순수한 내부의 소리가 그렇게 울리며 하늘을 향해 퍼져나가고 있었다.

7

사람의 운명은 신에 의해 이미 결정돼있거나 아니면 신의 즉흥적인 판단에 따른 오류의 결과이거나 두 가지 중 하나다. 사람은 그 운명에 순응해야만 하는 것일까? 아니면 거부할 수는 없는 것일까? 물론 거부는 할 수도 없고 그것은 신에 의해 용납될 수도 없는 일이다. 그러나 분명한 사실은 사람이 스스로 결정할 수 없다는 것이다. 그렇다면 원초적으로 사람은 신의 피조물이라는 가정을 인정할 수밖에 없는 것이 아닌가? 그러므로 사람은 이러한 절대적 약점을 가지고 태어났다는 것인가? 그는 이와 같은 질문을 자신에게 수없이 던지고 있다. 이렇게 그는 운명이라는 말의 꼬리에 의문부호를 연달아 붙여가고 있는 것이다. 왜 그러는 것일까? 그것은 그가 죽음이라는 말을 그것도 예측할 수 없었던 죽음을 쉽게 꺼내는 결단이 서지 않았기 때문일 것이다. 그는 그가 가장 소중히 사랑했던 제이의 갑작스런 죽음을 아직도 믿고 싶어 하지 않는다. 죽음이 운명이라면 그것이 충격적인 뺑소니 음주 교통사고에 의한 죽음이었다면 그 누가 그 운명이란 말에 의문부호의 꼬리표를 달지 않을 수가 있을까? 그리고 그런 죽음을 쉽게 믿고 신의 운명이라는 말로 합리화시킬 수 있겠는가? 지금도 그의 가슴은 제이의 죽음에 대한 원망과 분노로 무언중 항변을 멈추지 않고 있다. 그 대상은 의문부호 속에 차치하고서라도….

제이의 사고 소식을 들은 그날은 초겨울의 밤비가 차창을 두들기며 주룩주룩 흘러내리고 있었다. 경부고속도로를 달리며 제발 살아 있기만을 바랐던 그의 간절한 기도도 현관문을 들어서는 순간 헛되었음을 알았다. 그의 아내는 실신 상태였고 그 주위에는 동네 아주머니들이 멍하니 서로의 얼굴만 쳐다보고 있었다. 후들후들 떨리는 다리를 겨우 가누고 다가서는 그에게 그의 아내는 초점 잃은 시선을 하고 애끓는 목소리로 제이의 죽음을 알려주었다. 그는 그 말을 듣고 눈알이 빠져나올 듯 펑펑 쏟아져 나오는 눈물을 주체할 수 없었다.

8

그가 제이의 시신이 안치된 순천향병원에 도착한 것은 새벽 한 시가 넘어서였다. 제이는 아무도 없이 텅 빈 안치실 박스에 입을 굳게 다물고 눈을 감은 채 누워 있었다. 무거운 침묵의 정지상태, 그대로의 죽음이었다. '아빠 보고 싶어 내일 모래면 서울에 온다고 했던 너였는데…' 그는 어처구니없는 제이의 죽음 앞에 갈기갈기 살을 찢기는 슬픔과 뼛속을 갉아내는 고통으로 서 있어야만 했다. 인생의 무상함을 느끼는 것조차도 느낄 수 없는 현실적 정황이 제이의 손을 잡아 보는 것도, 애절하게 제이를 부르는 외마디 소리도 결코 현실이 아닌 꿈속이었다. 그의 정신을 바로 세우기에는 너무도 몽롱한 착각의 순간들이 짙은 안개처럼 깔려있었다. 금방이라도 제이가 떠들썩한 목소리와 환한 웃음을 하고 일어날 것만 같았다. 그러나 제이는 끝내 조금의 움직임도, 표정도 없는 죽음의 굴레에 너무도 단단하게 속박되어 있었다. 그 곱고 발랄했던 육신도 쓸모없이 되어버렸고 그 속에 넘쳐 흐르던 생명의 활력도 찾을 수 없었다. 다만, 그의 가슴에 제이의 영혼의 화살이 꽂혔을 뿐… 그래서 그의 가슴은 한없이 슬프고 아프기만 했다. 날이 밝아 오르자 제이의 형은 평소 제이가 즐겨 입던 청잠바에 가방끈이 보이는 영정을 마련했다. 그는 그 앞에서 향불을 피웠고 향연이 위를 향해 끝없이 퍼져나가는 것을 보았다. 아마도 그것은 제이의 영혼을 찾아 달려가는 그의 슬프고도 슬픈 가슴이었으리라. 그는 제이의 영정을 바라보며 독백처럼 뇌까렸다.

'제이야! 너는 그토록 거추장스러웠던 육신의 피각을 이제는 완전히 벗어 버렸단다. 너는 더없이 자유스럽고 꿈이 가득 찬 영원의 세계로 갔단다. 네가 항상 즐겨 부르던 팝 가사처럼 인생은 바람에 흩날리는 먼지와 같은 것인지도 모른단다. 사랑하는 나의 아들, 제이야! 아빠의 가슴에 꽂힌 네 영혼의 화살! 아빠는 아무리 슬프고 아프더라도 이 생명이 끝나는 날까지 그리고 너를 천상에서 만날 때까지는 결코 그 화살을 뽑을 수가 없단다. 부디 편히 잠들 거라. 편히 쉬거라. 아빠와 만날 때까지……'

사람이 세상에 태어나서 삶의 기간을 다하고 떠나게 되는 것은 정한 이치이다. 그럼에도 불구하고 허무하고 안타깝고 두려운 것은 어쩔 수 없는 인간의 슬픈 상정이다. 그러나 부모보다 자식이 먼저 세상을 떠난다는 것은 슬픔의 도를 넘어 차라리 따라 죽어가는 고통 이상의 것이다. 제이는 한창 성장하고 공부하고 푸른 꿈을 모을 어린 나이에 비운의 종말을 맞았다. 그는 생전에 제이의 성장 과정을 곁에서 지켜보았다. 그는 미래에 소망하는 조형물이 완성을 향해 조금씩 조금씩 만들어져 가듯 제이의 성장 과정을 보며 흐뭇하게 생각했다. 그러기에 그에게 제이는 소중한 존재였다. 그의 아내가 제이에게 거는 기대도 마찬가지였다. 그런데 제이의 갑작스런 죽음은 아내에게도 감당할 수 없는 너무나 큰 슬픔이었다. 제이를 떠나보내고 나서 그의 아내는 슬픔과 고통 속에서 나날을 지내며 정신적으로나 육체적으로 완전히 황폐해졌다.

이러한 심정은 아내의 일기장에 절절히 기록되어 있다.

아내는 제이를 떠나보낸 후 첫 번째 어버이날을 맞았다. 아내의 감회는 슬픔과 그리움뿐이다.

– 제이야! 창문이 환한 것을 보니 날이 밝았나 보다. 오늘은 어버이날이란다. 특별한 날이라서 그런지 온갖 감정이 교차하는구나. 네가 있을 때는 이 엄마의 마음은 항상 부자였고 하나도 남부러운 것이 없었단다. 너의 사십구재 때 신부님은 새벽 미사의 강론에서 잃어버린 반쪽보다 남아 있는 반쪽에 더 감사하고 소중히 여길 줄 알아야 한다고 말씀하셨다. 그래, 너는 이미 이 세상을 떠나 없고 이 세상에는 네 형이 남아 있지, 남아 있는 네 형을 소중히 여겨야 한다는 것을 엄마는 잘 알고 있단다. 하지만 인간은 자기 마음을 마음대로 못하는 어리석음이 있단다. 제이야! 엄마는 너를 떠나보내고 서러움과 고통으로 뼈가 저리고 살이 타들어 가는 나날을 보내고 있단다. 하루라도 빨리 너의 곁으로 달려가고 싶구나. 그러나 불쌍한 네 형이 있지 않니? 그리고 괴로워하시는 아빠도 있지 않니? 이럴 수도 저럴 수도 없는 엄마란다. 제이야! 너무 슬퍼 마라. 기다리고 있거라 보고 싶은 내 아들아! –

아내는 창밖에 내리는 빗줄기를 바라보며 제이를 찾고 있다. 빗줄기를 헤치고 제이가 올 것 같다. 그러나 제이는 아내의 가슴속 깊은 데에서 산다. 아내의 가슴속에서도 비가 내린다. 아내는 애끓는 소리로 제이를 부르고 있다. 아내의 가슴은 슬픈 바다이다. 아내는 그 슬픈 바다의 파도 소리, 빗소리가 혼선된 고통의 섬에 스스로를 가둬놓고 운다. 빗속을 헤매며 농아처럼 목놓아 울고 있다.

– 제이야! 창밖에는 비가 내린다. 엄마의 눈물인가, 너의 눈물인가, 서러운 눈물처럼 비가 내리는구나. 사랑하는 내 아들아! 너는 이 엄마의 목숨보다 더 소중한 아들이었다. 그러기에 엄마는 이렇게 울고 있단다. 한 번 네 뜻을 펼 수 있도록 해주기 위해서 엄마는 옷 한 벌 제대로 걸치지 못하고 손발이 닳도록 이곳저곳을 아침저녁으로 뛰어다니지 않았니? 그때는 태양처럼 우뚝 솟을 너를 상상하며 즐거웠단다. 그러나 너를 떠나보낸 지금, 엄마는 숨 쉬는 것 자체가 모순이구나. 제이야! 너는 어디 있느냐? 보고 싶다. 미치도록 보고 싶다. 엄마는 빗속을 헤매며 너를 찾고 있단다. 엄마의 가슴은 터질 것만 같구나.–

9

비가 온다. 제이가 금방이라도 빗줄기를 타고 내려올 것만 같다. 아내는 제이의 꿈을 간절히 원한다. 제이를 한 번만이라도 만나고 싶어서이다. 그런데 잠이 오지 않는다. 뜬눈으로 밤을 지새울 것 같다. 그런데 새벽에 잠시 꿈을 꾸었다. 순식간의 일이다. 제이가 찾아온 것이다.

– 제이야! 오늘 새벽, 꿈속에 네가 다시 살아서 엄마 곁에 돌아왔구나. 머리가 좀 깨진 모습으로 말이다. 엄마는 너무도

반가워서 너의 상처 난 머리를 가슴에 끌어안고 얼마나 울었는지 모른다. '얼마나 놀랐을까? 그리고 얼마나 아팠을까?' 엄마의 가슴은 한없이 안타깝고 슬펐단다.

"제이야! 소족이나 소뼈를 곯여 먹으면 곧 네 상처에 새살이 돋고 회복이 빠르단다."

"엄마, 나 이젠 기억력도 옛날 그대로 되살아났어요. 학교 선생님께서도 나를 보면 놀랄걸. 팔월에 수학 능력 검사도 잘 볼 수 있을 거야."

"그래, 내년에 대학에도 갈 수 있겠구나."

"그럼요."

제이야, 너는 살아있을 때 그대로의 웃는 모습으로 엄마에게 말했다. 엄마는 꿈을 깨고 나서도 한동안을 멍하니 천장만 쳐다보았단다. 이것이 현실이라면 얼마나 좋을까? 엄마가 이처럼 애타고 있으니까 네가 찾아왔구나. 아빠도 네 꿈을 꾸었단다. 네 영혼이 찾아온 것이 틀림없구나. 사후세계! 제이야, 정말 있는 거지? 엄마, 아빠는 너를 떠나보낸 후 항상 이런 말을 한단다.

"우리 인생은 이제 끝이 난 것이오. 그러나 큰애가 홀로 설 때까지는 살아야 해."

어쩌다가 네가 떠나 우리 가정이 이렇게 되었단 말이냐? 너의 웃는 사진들을 보면 엄마는 너무나 가엾고 슬프단다. 가방을 메고 학교에 갈 네가 어딜 가고 이 엄마의 가슴을 이토록 찢어지게 하는 거냐? 밖에는 주룩주룩 비가 내리고 있구나. 네가 떠나던 날도 비는 이렇게 내렸었지. 서럽고 서러운 비가…….

제이는 금강하구의 작은 항구, 장항에서 태어났다. 따뜻한 서남골 가정에서 머물고 웃음과 평화를 주며 최초의 언어와 걷기를 배웠다. 그 후 천안에서 유년기, 학동기, 사춘기를 보내고 짧은 생을 마감했다.

금강하구는 제이가 한 줌의 재로 흩뿌려진 곳이다. 그래서 그와 그의 아내가 항상 찾아가는 슬픈 비단강이다. 이 강에서 그와 아내는 슬픔으로 황폐된 가슴을 여미고 제이와의 추억의 만선을 기다린다. 비단강에 촘촘히 비가 내릴 때는 그 비는 강 속을 깊숙이 파고든다. 그리고 그 비는 깊은 물을 강물 위로 솟구쳐내어 제이의 웃음처럼 파륜을 일으킨다. 그 강물은 강둑의 바위벽까지 차오른다. 그럴 때마다 갈매기들은 어째서 정처를 잃고 처연히 나는지? 아내의 가슴은 슬프기만 하다. 아내의 눈물은 끝없이 흘러내리고 시선을 흐린다. 슬픔은 아내의 가슴과 머리를 점하여 그물처럼 얽매고 고통의 핏줄로 가득 채워 흐른다. 그러나 먼바다에서 파도를 가르고 제이의 추억의 만선이 밀물 따라 밀려올 때면 아내는 조용히 눈을 감는다. 비단강은 그가 제이와 같은 학창시절, 화촌 나루에서 황포돛배를 타고 군산항을 향해 지나던 뱃길이었다. 그때는 그의 아버지의 간절한 소망과 그의 꿈이 한데 흐르던 강이었다. 그러나 세월이 흐른 지금은 그때 그만한 나이의 사랑하는 아들이 비운에 떠난 슬픈 강이 되었다. 이 강물에는 제이의 환한 웃음이 늘 잔상으로 떠 있다. 그리고 그와 아내의 영원한 기도가 흐른다.

– 제이야! 오늘은 엄마, 아빠가 장항선 열차를 타고 너를 만나러 왔다. 금강하굿둑! 이곳은 너를 떠나보낸 곳이라서 너무도 슬픈 곳이란다. 이른 아침, 열차로 서울을 출발하여 이곳에는 낮 열 두시쯤에 도착했다. 마침 밀물이 들어오고 있었다. 엄마의 눈에서는 눈물이 마구 쏟아져 나와 앞을 볼 수가 없었다. 밀려드는 강물 어디선가.

"엄마!"

하고 부르는 너의 목소리가 들려오는 것 같았다. 엄마는 목메어서 너를 부를 수도 없었단다. 잠시 후 밀려드는 파도를 손가락으로 한 가닥 두 가닥 헤치듯 들여다보았다. 너는 찾을 수 없었다. 너의 목소리도 들을 수 없었다. 제이야! 너는 이 엄마의 슬픈 가슴을 알고 있느냐? 한창 성장하고 공부하고 푸른 꿈을 펼칠 나이의 너에게 신은 운명의 시간적 연장을 조금도 허락하지 않았단 말이냐! 너는 항상 신에게 감사한다고 하지 않았느냐? 엄마는 이러한 신이 한없이 원망스럽단다. 그러면서도 신께 매달릴 수밖에 없는 미약한 존재, 인간이란다. 잠시 후 신기한 일이 생겼다. 강물 속에서 커다란 물고기 한 마리가 솟구쳐 나와 포물선을 그리고 이내 사라졌다. 그것을 보고 아빠는 네 영혼이 보낸 표시일 거라고 했다. 그리고 못내 아쉬워 또 기다리고 있는 것 같았다. 만약 네 영혼이 있다면 엄마와 아빠의 애타는 모습을 보고 네가 그대로 있을 리는 없을 거다. 어떠한 형태로든지 너는 나타났을 것이다. 엄마는 잘 알고 있단다. 네가 집에 조금만 늦어도 엄마에게 전화로 너는 설명하지 않았니. 너는 적극적이고 긍정적인 성격을 타고나서 항상 남들 앞에 나서기를 좋아했었지. 네가 좋아하는 크림빵도, 과자도, 약식도, 음료수도 가져왔단다.

"엄마!, 내가 좋아하는 걸 어떻게 알았어요! 엄마, 감사합니다. 감사합니다!"

하고 맛있게도 먹고 있을 네 모습은 찾을 수 없구나. 엄마의 눈물만이 펼쳐놓은 음식을 적시고 있단다. 이러한 엄마의 모습을 보고 아빠는 이렇게 위로 해 주었단다.

"살아서는 이 세상에 큰아들이 있고 죽어서는 저세상에 제이가 기다리고 있으니 너무 슬퍼하지 마시오."

제이야, 그렇겠지? 네가 기다리고 있는 것이 틀림없겠지? 보고 싶구나. 내 아들, 제이야! 이 엄마 한 번만이라도 보고 싶구나. 안아보고 싶구나. 또 네가 보고 싶어지면 엄마 아빠는 언제든지 찾아올 거야. 밀물처럼…….

10

그와 아내가 천주교에 다니게 된 것은 제이의 친구, 시그 때문이다. 시그는 중학교 삼학년 때부터 제이와 친해졌다. 시그는 개성이 강하고 공부도 반에서 수석을 차지할 정도로 잘한다. 시그는 내성적이고 자존심이 강해서 함부로 친구를 사귀지 않는다. 반면에 제이는 성격이 쾌활하고 사교적이어서 누구나 쉽게 친구가 된다. 제이와 시그가 친구가 된 결정적인 계기는 제이가 학교에 스케이트보드를 가져온 그때부터이다. 친구들은 제이의 스케이트보드에 관심을 보였고 다투어 서로 먼저 타려고 했다. 그러나 그때도 시그는 자존심이 허락하지 않았다. 한 번은 교실에서 친구들과 술래놀이를 할 때였다. 시그가 갑자기 몸을 낮추는 바람에 제이가 교실 바닥에 쓰러졌다. 물론 책상도 밀려 쓰러졌다. 시그는 가슴이 철렁했다. 두려움이 앞서 제이에게 다가가 제이의 두 손을 잡아 일으켰다.

"괜찮아? 다친 데는 없어?"

"괜찮아, 아무렇지 않아."

제이는 피식 웃으며 쓰러진 자리에서 일어났다. 시그는 제이를 자세히 살펴봤다. 괜찮은 게 아니었다. 충격이 상당했다는 증거는 제이의 청바지에서 나타났다. 제이의 청바지 밑단 부분이 오 센티 정도 찢어졌다.

"이거 어쩌나 청바지가 찢어졌잖아!" 시그는 미안해서 어쩔 줄 몰랐다.

"괜찮아, 괜찮다니까 요즘 찢어진 청바지가 유행이잖아 오히려 잘됐네 뭐!"

하고 제이는 웃으며 시그의 어깨를 가볍게 두어 번 두들겼다. 그 이후부터 시그는 적극적으로 제이에게 접근하기 시작했다. 남들 눈에 띄게 사이좋은 친구가 되었다. 주말마다 스케이트보드를 옆구리에 끼고 독립기념관에 갔다. 한적한 둘레길에서 스케이트보드를 신나게 탔다. 그리고 제이와 시그는 록과 팝에 대해서도 서로의 정보를 주고받으며 감상도 함께 했다.

시그의 실력도 대단했지만 제이는 그 수준을 뛰어넘어 광범위한 영역까지 섭렵하고 있었다. 제이는 처음에 영어를 배우기 위해 시작한 것이었다. 그의 아내는 이러한 제이와 시그 사이의 가까운 거리를 통제하기도 했다. '혹시 제이와 시그 사이가 너무 깊어져 공부에 지장이 생기지나 않을까?' 하는 걱정 때문이었다. 이러한 일들은 흔히 있는 사춘기 우정이다. 그러나 아내는 도를 넘어서는 것이 아닌가 하고 의심의 눈초리로 지켜보고 있는 것이다. 이들은 심지어 밤에도 만나고 수시로 전화도 했다. 시그는 제이를 엘비스 프레슬리와 생김새가 같다고 추켜세우기도 했다. 외모도 훤칠하게 잘생기고, 키까지 커서 쭉 빠지고, 특히 느끼한 웃음까지도 빼다 박았다고 생각했다. 시그는 해양소년단 제복을 입은 제이를 보고는 부러움을 감추지 못했다. 누구나 자기만의 특징이 있기 마련이다. 시그에게도 탁월한 판단력과 지적인 눈빛이 있다. 그것은 제이도 인정하는 누구 못지 않는 장점이다. 그래서 이들 제이와 시그는 서로 보완적 우정 관계를 유지하는지도 모른다. 제이와 시그의 우정은 고등학교 때까지도 계속 유지되었다. 비록 학교는 서로 다른 곳에 배정되었지만 이들의 우정은 이와는 상관없이 더욱 깊어졌다.

시그가 고등학교에 들어간 후 제이와의 첫 만남이 있었다. 그때의 느낌을 시그는 '달로 가는 길'이라는 글에서 이렇게 적고 있다.

– 내 앞에 서 있는 제이는 내 기억 속의 제이와는 많이 다르

지 않았다. 상대방을 긍정적으로 만드는 마법 같은 힘, 자로 잰 듯 반듯하면서도 게으른 오후의 태양 같은 여유로움, 이전과 다른 점이라면 그러한 제이의 분위기가 더욱더 성숙한 깊이를 지니고 있다는 것…검은 단화에 회색 바지와 짙은 남색 재킷 교복. 하얀 해양소년단 옷을 입고 있던 소년이 새 시간을 짊어지고 또 다른 모습으로 변신해 있었다.–

그리고 제이의 영어 연설대회 참가, 영어 동아리 연극 공연, 응원단장 등 제이의 학교 활동을 듣고서는.

'금사슬이 달린 멋진 제복을 입고 손과 발을 휘휘 저으며 다른 학생들 앞에서 응원하는 제이를 그려 보았다.'라고 적었다. 시그는 제이가 떠나기 며칠 전만 해도 제이와 사춘기의 갈등을 함께 고민하며 추운 겨울밤을 야외에서 꼬박 지새웠다. 그리고 제이의 죽음을 그 누구보다도 슬퍼했다. 제이의 영정 앞을 지키며 향불을 피웠다. 시그는 마지막 떠나는 제이의 관속에 자기가 지니고 있었던 십자가 묵주를 넣어주었다. 제이가 평소에도 '진정한 친구는 시그 한 명이면 족하다.'라고 한 말이 빈말은 아니었다. 시그는 '달로 가는 길' 마지막 부분에서 이렇게 끝맺었다.

– …제이가 윙크했다. 엘비스 프레슬리의 느끼한 미소와 함께 나는 제이 곁에 가만히 누웠다. 따뜻하고 포근했다. 한때 우리 위에서 찬란하게 빛났던 독립기념관의 투명한 가을 햇살처럼 제이가 물었다.

"너는 왜 여기 있어?"

나는 가만히 눈을 감고 말했다.

"네가 좋으니까……."

제이가 싱겁다는 듯 피식 웃었다. 그리고 말했다.

"걱정하지 마, 난 사라지지 않아, 이렇게 네 안에 웃고 있는걸? 슬퍼하지도 마, 난 떠난 게 아냐, 네 기억 속에, 네 마음속에, 네 삶의 길 위에, 난 항상 함께 있어."

입가에 미소가 번졌다. 내 안에 자리 잡은 삶의 의무가 고요한 촛불처럼 따뜻하게 빛났다.-

그의 아내가 성당에서 세례를 받는 날이다. 십자가 고상 앞에 촛불이 켜졌다. 정결한 제단이 마련되었다. 미사복을 입은 신부님이 두 손을 모아 기도를 올리고 신앙의 신비가 거행되었다.

'주님, 내 안에 주님을 모시기에 합당치 않사오나 한 말씀만 하소서! 내 영혼이 곧 나으리이다.'

성체 성가가 성당 안에 은은히 퍼졌다. 성체는 그리스도의 몸으로 기억되어 신자들에게 나누어졌다. 아내는 사랑하는 아들의 죽음으로 주님을 처음 알았다. 아내의 이마에 성유로 십자가를 그었다. 그리고 아내는 주님의 성체를 가슴 안에 모셨다. 세상에서 찢긴 가슴과 피곤한 육신을 버리고 오로지 아내의 영혼은 하느님께로 달려갔다.

'어서 인자로우신 당신의 품 안에 받아주소서. 내 영혼이 거듭나게 하소서 거기 내 사랑하는 아들의 영혼이 기다리나이다. 천주여, 우리 제이를 불쌍히 여기소서, 세상에서 하고 싶은 일도 많았고 꿈도 컸습니다. 가정에는 웃음과 평화를 주었고 친구간에는 우정을 나누었습니다. 천주여, 우리 제이를 불쌍히 여기소서, 너무도 짧은 생을 살다 갔습니다. 당신의 뜻으로 불러갔으니 우리 제이. 천국문에 들어 영원한 생명과 안식을 얻게 하소서, 성모 마리아 님, 천주와 함께 계신 이여, 나 또한 천주의 빛난 얼굴을 뵙는 날, 우리 제이와 함께 만나도록 천주께 빌어주소서!'

– 제이야! 오늘은 성당에서 받아들이는 예식이 있었단다. 엄마의 본명은 '베로니까'로 정했단다. 수녀님께서 대모님을 정해주셨는데 엄마 대모님은 얼마나 멋쟁이시고 예쁘고 똑똑한 분이신지 아니? 연세도 많으신데 아주 젊은 분 같으시단다. 이 엄마에게는 너무도 감사하고 분에 넘치는 분이시구나. 아마도 네가 훌륭하신 대모님을 만나도록 주선해주었을 것으로 안다. 받아들이는 예식을 하는 동안에도 엄마는 계속 네 생각에 잠겨 눈물을 흘렸단다. 우리 제이를 하느님 곁으로 인도해 주시라고 기도를 했단다. 엄마도 어서 기도하는 법을 배워서 우리 제이를 천국에서 즐겁고 행복하게 살도록 열심히 기도해야겠다. 이 엄마의 숨이 멈추는 날까지…….

제이야! 훌륭하신 대모님을 모시게 되니 엄마도 그분처럼 그 뒤를 따르고 싶단다. 그러나 아직도 네가 없는 슬픔으로 엄마의 가슴은 가득 차 있단다. 이렇게 좋은 일을 만나면 더욱 그렇구나. 네가 살아있을 때 너 따라서 웃던 엄마가 어쩌다가 이렇게도 슬픈 고통으로 살아야 한다니. 너는 순간의 판단력이 뛰어나고 낙천적이어서 주위 사람들로부터 호감을 사는 대상이었지. 엄마는 항상 마음이 흐뭇했고 네 장래에 대한 예측 또한 희망적이었단다. 부디 천상에서 마음껏 네 자유와 꿈을 펼쳐보려무나.

11

제이가 떠난 후 그의 아내는 매일 슬픈 일기를 쓴다. 그 일기는 아내의 창호지 같이 바래진 가슴에 그녀의 혈액으로 쓴다. 아내가 쓰는 일기장은 항상 슬픔으로 촉촉이 젖어있다. 그래서 아내의 일기는 그 누구도 펼쳐볼 수 없다. 그 얼룩지고 번져있는 아내의 슬픈 일기는 아내의 혈액이 모두 마르는 날 끝날 것이다. 그 아내의 슬픈 일기를 누가 읽을까? 아내는 하루도 빼놓지 않고 꼬박꼬박 일기를 쓴다. 아내는 자신의 혈액이 날마다 줄어드는 줄도 모르고 쓴다.

핀란드에서 메아의 우편물이 왔다. 그 안에는 제이의 해설이 담긴 팝송 카세트테이프와 메아의 위로 편지가 들어있었다.

– 친애하는 제이 가족에게

나는 지금 나의 여동생 핸리와 함께 슬픈 마음을 어떻게 당신에게 말할지 모르겠어요. 그토록 젊은 나이에 소름 끼치도록 비참하게 제이가 이 세상을 떠났다는 소식을 듣고 정말 충격적이었어요. 나와 제이는 일 년 동안을 서로 편지를 주고받았어요. 그러면서 제이로부터 많은 것을 배울 수 있었답니다. 내게 있어서 제이는 가장 진실된 친구였고 나의 가장 훌륭한 펜 친구였습니다. 나는 제이를 통하여 제이가 낙천적이고, 인정 많고, 재치 있고, 믿음성 있고, 유머 감각이 뛰어나며 매우 신사적인 소년이었음을 알았고 그것을 또한 배웠답니다. 우리들은 가장 가까이 있던 친구를 이제 영영 만날 수 없게 되었다는 것이 도무지 이해할 수 없고 믿어지지 않는군요. 제이는 우리들에게 진실로 소중한 존재였어요. 그러나 제이는 우리 곁을 떠나고 없다는 것이 현실로 되었습니다. 그러기에 우리들은 더 이상 슬퍼만 하고 울부짖을 수는 없잖아요. 물론 당신과 당신의 가족들에게는 이것이 아주 어려운 일이라는 것도 우리는 잘 알고 있답니다. 그래서 나는 당신에게 하느님의 축복과 행운이 깃들기를 바랄 뿐입니다. 나는 이와 같이 소름 끼치는 슬픔에서 빨리 벗어나는 최선의 방법이 없다는 것을 잘 알고 있어요. 그렇지만 우리는 이러한 슬픔을 극복할 수 있게 해달라고 하느님께 도움을 청하여 기도할 수는 있을 거예요. 고통은 우리를 더욱 강하게 만들 수도 있습니다. 그리고 기억은 살아있고 생활도 계속됩니다. 나는 제이가 너무 오랜 시간을 우리들이 슬퍼하며 생활하는 것을 좋아하지 않을 것이라고 확신하고 있어요. 제이의 갑작스런 떠남은 우리가 그 이유를 찾을 수 없다고 생각해요. 우리는 우리가 떠날 때를 결코 알 수 없잖아요. 그래서 우리는 항상 이 세상을 떠날 준비를 하지 않으면 안 됩니다. 나는 당신의 가족을 진심으로 칭찬하고 싶습니다. 훌륭하고 즐거운 가족이 아니고는 제이와 같이 그토록 오래 기억에 남는 소년을 성장시킬 수 없으니까요……. 여기 두 편의 제이가 보내준 편지를 복사해서 보냅니다. 하나는 나에게 보내준 것이고 다른 하나는 핸리에게 보내준 편지예요. 우리는 제이의 편지를 오래 간직하고 싶어요. 제이는 우리에게 아주 소중하기 때문입니다. 그리고 제이가 핸리에게 보내주었던 카세트테이프도 보냅니다. 우리는 그것 또한 소중히 간직하기 위해서 하나를 복사해서 남겨 놓았어요. 나는 당신에게 행운과 이 슬픔에서 하루빨리 극복되기를 바랍니다.-

메아는 제이가 일 년 동안 펜팔로 맺은 핀란드 여자 친구이다. 그의 아내는 메아에게 제이의 기억을 남기기 위해서 제이의 카세트테이프를 보내 달라고 요구했었다. 메이와 핸리는 제이에게 소중한 우정의 친구였다. 아내는 제이의 곁에서 이들과의 우정을 지켜보았다. 이 모두가 그녀에게는 제이를 생각하게 하는 값진 인연이다. 아내는 책상과 사진이 있는 제이의 방 안으로 들어갔다. 그녀는 눈 내리던 지난 겨울밤을 지새우며 흰 바탕천에 꽃무늬를 수놓았다. 그 책상보를 제이의 책상 위에 펼쳐서 덮었다. 그녀의 기도가 깃든 색종이 학도 투명한 유리병에 가득 담고 장미꽃 리본을 달아 그 위에 놓았다. 결코 끝이 아니고 영원한 연속의 변화 과정이 죽음이거늘, 제이가 없는 텅 빈 방은 제이가 있다는 의미는 이미 상실되었다. 그보다는 제이가 있었다는 소중함이 남아서 제이를 미치도록 보고 싶은 그리움으로 아내의 가슴은 불꽃처럼 활활 타오르고 있었다. 모든 슬픔은 남은 자의 몫이 되고…….

거워하거나, 불행이 닥쳐와서 슬픔으로 고통스럽거나, 상관하지 않는다. 그리고 인간이 각자의 처지에서 시간이 빠르다고 하거나 느리다고 하거나 어떠한 불평에도 개의치 않는다. 그저 묵묵히 흘러갈 뿐이다. 인간은 왜 시간을 가지고 이러쿵저러쿵 얘기들이 많은가? 심지어 여러 가지 이유를 들어서 시간 탓을 한다. 시간은 인간이 태어나고 자라고 병들고 늙어가다가 정지의 끝에 이르는 한 생애를 수없이 보고서도 어떠한 반응을 보이지 않는다. 오로지 한 방향으로만 직진한다. 인간은 시간을 자기의 소유인 양 때로는 자기의 스케줄에 맞추고 자기의 현재 시점에서 입맛에 맞는 대로 판단한다. 아무튼 시간은 누가 뭐래도 무엇의 소유가 되지 않고 그렇게 유예 없이 흘러간다.

유나가 급류에 떠내려간 후 계절은 가을의 초입에서 그를 기다리고 있었다. 태양빛도 변함없이 숲속을 드나들고 있다. 그러나 완전한 그의 빛이 되지는 못했다. 그는 시간이 빠르다고만 한숨을 길게 내쉬고 있다. 그는 그때의 현재처럼 수시로 가슴에 울컥울컥 치밀어오르는 슬픔을 주체하지 못하고 있다. 그는 자작나무 푸른 잎사귀들이 한여름의 반들반들한 생기를 잃어가고 있다고 본다. 그는 고운 단풍에서 낙엽까지의 짧은 경계에서 볼 수 있는 아름다움의 극치를 미리 본 것처럼 초조히 조바심을 떤다. 그리고 그 황홀한 감정을 슬픈 예감으로 받아들여 그의 가슴속에 꾸역꾸역 밀어 넣는다. 에리는 그의 곁에서 날로 초췌해져 가는 그의 모습을 보면서 표정이 시무룩해진다. 예전 같았으면 유나와 서로 경쟁하듯

자기가 더 예쁘다고 그에게 다그치듯 묻곤 했을 텐데……에리는 유나가 떠난 후부터는 거의 입을 닫고 말수가 줄었다. 언제까지 이렇게 지내야 하는가? 걱정스런 짜증도 낸다. 에리는 흘깃흘깃 그의 눈치만 본다. 에리는 그가 여전히 그때의 현재에서 머물고 있다는 생각이 들어 안타깝다. 그는 제이와 유나를 떠나보낸 슬픔에서 허우적대고 있다. 에리는 그런 그를 지켜보면 너무 가슴이 아프다. 아침저녁으로 들려오는 풀벌레 소리가 점점 가늘어지고 있다. 시간은 자꾸 슬픈 가을 속으로 그와 에리를 끌고 간다.

어느 날이었다 한 달에 한 번꼴로 숲속의 통나무집을 찾아오던 중년의 고물장수가 갑자기 그의 집을 찾아왔다. 이번은 기간을 열흘이나 앞당겨 허겁지겁 숨차게 달려오듯 왔다. 그와 에리는 '무슨 급한 일이라도 생겼는가?' 하는 놀란 표정으로 고물 장수를 쏘아보았다.

"자네, 무슨 일로 그렇게 다급히 왔나? 올 때도 안됐는…."

하고 그는 말했다. 에리도 덩달아

"아저씨! 혹시 우리 유나 못 봤어요?"

하고 물었다 고물 장수는 말없이 허름한 보자기를 풀었다 에리의 질문은 적중했다.

"아니! 이게 유나 아니야?!"

그가 깜짝 놀란 표정을 짓고 소리쳤다.

"맞아요, 유나가 분명해요! 그런데?……."

하고 에리가 외치듯이 말하고는 눈을 휘둥그레 떴다. 에리의 커다란 눈망울에 눈물이 핑 돌았다. 이내 눈물이 양쪽 볼에 주르르 흘러내렸다. 유나는 실신 상태였고 거의 알아볼 수 없을 정도로 온몸이 상처투성이였다. 그는 이런 유나의 처참한 모습을 보고 한동안 말을 잇지 못하고 우두커니 바라보았다.

"할아버지, 유나를 빨리 방 안으로 옮기고 치료해 줘요! 불쌍한 우리 유나!" 에리는 그를 쳐다보며 재촉하듯 말했다. 방 안으로 들어간 유나는 그의 신속한 응급처치를 받고 가느다란 목소리로 입을 열었다.

"할아버지! 언니! 보고 싶었어요."

하고 그와 에리의 얼굴을 힘없이 바라보았다. 방 안의 산짐승 인형들도 각자의 기이한 목소리로 유나의 이름을 부르며 환희의 눈물을 흘렸다. 그와 에리도 눈물을 흘렸다. 그 옆에 묵묵히 서 있던 중년 고물 장수도 투박한 손등으로 눈물을 훔치며 덤불처럼 헝클어진 머리를 뒤로 쓸어 넘겼다. 그는 집 나간 탕아가 돌아온 듯 유나를 끌어안고 방 안을 한 바퀴 돌면서 기뻐했다. 유나를 찾아서 데려온 고물 장수는 한 달에 한 번씩은 틀림없이 그의 통나무집을 드나들었다. 고물 장수는 그의 작품을 시장에 내다 팔고 그가 필요로 하는 생필품을 사다주는 이 숲속의 유일한 방문객이었다. 그래서 에리와 유나에게는 외삼촌같이 친밀한 존재였다.

고물 장수가 산 아랫마을에서 유나를 처음으로 발견한 것은 어느 허름한 집 토담 밑에서였다. 그때 유나는 엉엉 울고 있었다. 지나가는 누군가를 애타게 기다리고 있었다. 유나는 계곡에서 떠내려와 이 마을의 개울가에서 계속 머물러 왔다. 생전에 처음 보는 마을은 아늑하고 평화스러웠다. 낮에는 사람들이 농기구를 들고 밭에 나가 일하고 마을의 집들은 텅 비었다. 다만 공터에서는 유나 또래의 아이들이 사방치기를 하며 깔깔거렸다. 옷차림새도 가지가지로 신기했다. 삽살개도 꼬리를 살랑살랑 흔들며 아이들 주위를 맴돌고 있었다. 유나는 같은 또래 아이들과 신나게 놀고 싶었다. 그런데 갑자기 삽살개 한 마리가 유나 곁으로 뛰어왔다. 유나는 귀여워서 삽살개한테 한 손을 내밀었다. 삽살개는 유나를 한참 동안 들여다보다가 발로 요리조리 굴렸다. 유나는 어지러웠다. 삽살개는 그것으로는 성이 차지 않았는지 이번에는 날카로운 이빨을 드러내고 유나를 물었다 놓았다 했다. 삽살개는 장난감 뼈다귀를 다루듯 유나를 함부로 다뤘다. 유나는 무섭고 아팠다. 유나의 얼굴은 사방에 상처가 나고 피가 흘렀다. 이러다가 죽을 것만 같았다. 유나는 할아버지와 에리를 외치듯이 큰 소리로 불렀다. 그러나 할아버지와 에리는 어디를 둘러봐도 없었다. 유나는 비로소 혼자라는 슬픈 외로움을 절실히 느꼈다. 숲속 통나집의 행복했던 순간들이 유나의 머릿속을 스크린처럼 스쳐 갔다. 날이 어두워졌다. 삽살개가 토담 밑에 유나를 두고 자기 집으로 달아났다. 밤하늘에서는 별들이 반짝이며 가느다란 별빛 선을 유나에게 선물처럼 내려보냈다. 금방이라도 별빛 선을 타고 오르고 싶었다. 그러나 신비스러운 밤하늘보다는 우선 이곳으로부터 탈출

하고 싶었다. 가냘픈 풀벌레 소리가 처량하게 들려왔다. 차가운 밤바람이 불었다. 오싹, 찬 기운이 느껴졌다. 유나는 새벽이 다 되어서야 선잠이 들었다. 잠시 꿈을 꾸었다. 꿈속에서 할아버지와 에리를 만났다. 서로 부둥켜안고 그저 울기만 했다. 날이 밝아왔다. 오늘은 누군가가 꼭 올 것 같은 예감이 들었다. 그러나 아무도 오지 않았다. 이런 날은 아무렇지도 않게 계속되었다. 삽살개의 뼈다귀 장난감이 되어 여기저기 물리고 때로는 친구가 되고 싶었던 또래 아이들마저도 축구공처럼 차고 놀았다. 유나의 몸은 만신창이가 되었다. 특히 친구 같은 아이들에게는 더 배신감이 들었다. 절망적이었다. 천만다행으로 삽살개는 어두워질 때마다 유나를 토담 밑에 물어다 놓고는 집으로 갔다. 누가 시키지 않아도 신기할 만큼….

어느 날 아침이었다. 고물장수 아저씨가 이 동네를 찾아왔다. 유나는 지나가는 아저씨를 보고

"아저씨! 아저씨! 저 유나예요, 유나가 여기 있어요!"

하고 있는 힘을 다해서 소리쳤다. 삽살개가 꼬리를 흔들며 유나가 있는 쪽으로 달려왔다. 아저씨도 깜짝 놀라서 끌고 왔던 손수레를 내박치고 유나가 있는 쪽으로 달려왔다.

13

유나는 그의 숙련된 장인 기술과 에리의 극진한 보조로 완전한 제모습을 되찾았다. 에리와 유나는 서로를 내 몸같이

아끼며 사이좋게 지낸다. 예쁜 꽃사슴 자매 인형으로 다시 돌아온 것이다. 작은 통나무집에서는 날마다 웃음소리가 쉴 새 없이 새어 나왔다. 에리와 유나 그리고 그의 마음은 더없이 평안해졌다. 그와 에리, 유나는 꽃사슴이 가끔 나타나는 계곡의 물가로 갔다. 계곡의 물소리는 가늘고 청아하게 굴러가는 소리를 냈다. 한쪽 작은 물웅덩이에는 여전히 맑은 물이 고여 있었다. 에리와 유나의 예쁜 얼굴이 맑은 물 위에 달덩이처럼 떴다. 잠시 후 그의 주름진 얼굴이 퇴색한 우편물의 물결무늬 소인처럼 물 위에 찍힌다. 물 주름이 일었다. 이들의 얼굴들이 곧 사라지고 깔깔깔… 웃음소리가 숲속에 퍼진다. 그의 의지와는 상관없이 잡힌 그의 지난 시간의 흔적이 잔주름 결처럼…….

에리와 유나의 본능적인 코러스였다. 그는 지그시 눈을 감고 상상의 눈을 떠서 먼바다 수평선을 바라보았다.

먼바다 수평선에는 물결이 보이지 않았다. 이번에는 그의 가슴속 시간의 바다를 바라보았다. 그의 가슴속 시간의 바다에는 그때의 현재가 수평선처럼 하늘과 맞닿아 있었다. 그곳에는 그의 잔주름처럼 제이가 그려 놓은 희미한 추억의 물결이 일렁이고 있었다. 자작나무 잎사귀들이 초가을의 싸한 바람에 바르르 떤다. 그 틈새를 수천의 가느다란 태양빛 줄기가 파고든다. 그의 가슴속에 미세한 빛 가루가 꽃가루처럼 달라붙는다. 그의 빛이 그의 가슴속에서 환히 살아난다. 소슬바람에 제이가 즐겨 부르던 'Dust in the wind' 팝송이 숲속으로 흩날려 퍼져나간다.

-잠시 동안 눈을 감아보지만 그 순간은 금세 떠나버리고 내 모든 꿈은 눈앞에 아롱지며 지나간다오. 바람에 흩날리어 먼지가 된다오. 우리는 모두 바람에 날리는 먼지인 것을. 망망한 바다에 물 한 방울 같은 예전이나 똑같은 그 노래. 우리들의 모든 행위는 지상에서 허무하게 가버린다오. 우리는 그렇게 되지 않으려고도 해보지만 우리는 모두 바람에 날리는 먼지인 것을. 집착하지 말아요. 영원한 것은 아무것도 없다오. 땅과 하늘 사이에 영원한 것은 없다오. 모두 살며시 떠나간다오. 당신의 부귀도 단 일분이라도 살 수 있을까요? 바람에 흩날리는 먼지. 우리는 모두 바람에 날리는 먼지라오.-

그는 에리, 유나와 함께 숲속을 빠져나와 서서히 산 아래를 향해 내려오고 있었다.

'잃은 반쪽보다 남아 있는 반쪽에 더 감사하고 이를 소중히 여겨야 한다.'

제이의 사십구재, 미사 때, 신부님 강론의 한 부분을 떠올리며…….

산마루 저쪽, 자작나무 숲, 흰 기둥 사이에서는 예쁜 꽃사슴 한 마리가 긴 목을 내밀고 산 아래를 내려다본다.

영문소설

The Sika Deer Figures

1. The Sika Deer Figures

The forest inhabits a far different world than its perceived outer looks. The deeper the forest, the case is even more apparent. If the forest is one in the middle of summer, it no longer only presents difference, but demonstrates a primitive genuinity as if a primeval forest. The countless white birches form an army of forests on this mountain. Thousands of these white birches soar up to the heights of the sky like white pillars, and forms a vast canopy by housing innumerable green leaves. At times, when the breeze awakens the green leaves, the luminous sunrays bury deep among them. Such a sunray is to be distinguished from the scorching sunrays outside the forest, since they lure the cool breeze with them.

'Ones who seek light shall find light. The importance lies on being the light of those who seek, rather than to shine the light.'

This is a quote from an old man who left the monastery, then written in a section of Count Lev Nikolayevich Tolstoy's diary. The sunrays that descend deep into the forest represents the light of those who seek. In other words, it is the light for its existing wilderness. Thus, the habitat becomes more vibrant and peaceful. The squirrels freely run along the white birches, birds gracefully chirp among the branches. The flowers beneath the birches form a smaller forest among themselves and gather bugs that softly resonate, hidden away among it. The forest makes a concert for all creatures inhabiting. Inhabitants perform various tones and pitches, which resonate from different hidden locations. The trickles of the creek form the finest accompaniment. The subtle and elegant trickles give a joyful rhythm which mesmerize various creatures including Sika deer and many unknown creatures. Hence, the trickles gather and make a dedicated audience of them, conclusively forming a communal family of the wilderness. In present terms, 'family' refers to fundamental group of a closely related communal society. From a perspective which strengthens such a family in relation to present day, prominent quotes from Tolstoy come across naturally as he was one who often tread the white birch forests.

'The most valuable moment is present, because it is when one may limit themselves. The most valuable person is one who is presently acquainted with oneself in any way, as one cannot predict the maintenance of the relationship. Significance is placed on the act of loving all people under any circumstances.'

Inhabitants of the forest are also given 'present'. It is critical that they regulate themselves and maintain various relationships by loving one another. The peaceful and vibrant mood of the forest begins from their heart-warming affection. All ends of the forest are harmonized by the melodies of the wilderness family. The forest is a different dimension where the unrefined genuinity is broadly entrenched within, like the shelter of peace.

2.

There stands a seemingly uninhabited old wooden cottage covered by intertwined berry vines on a reserve in the forest. A 'hut' would be a better suited term given how old and low it is. It is his only abode and workshop. He is an old writer who carves figures of wild animals with birch wood. In the corner of the room sits a work bench as if a small desk. A candle on the bench is always lit, since the darkness despite the time of the day. Around his workbench would be a pyramid-stacked pile of birch-wood, cut into fifteen centimetre pieces. Also, within an arm's reach, there are various carving tools, brushes, and paints awaiting ordinal usage. On another side of the room, four sets of colour-faded shelves made of birch-wood panels stands on supports. On top of the shelves, various animal figures are aligned in a manner that they could spring into life with a single cry any moment. The most prominent among those are a pair of Sika deer figures. Not only are they most pleasing to the eye, but they are placed on the top left corner, which is the most noticeable position as the door opens. He feels a strong attachment to these masterpieces as they are the first figures he created, around a month after he entered the forest. He came to the creation of these figures after he saw a Sika deer at the creek by sheer chance. He was wholly mesmerized by it when he witnessed its elegant and graceful figure, as well as its deep pupils sprinkled with love potion. Those eyes were nothing but innocent and crystal-like. It was like an angel whom descended from the heavens. It looked as if it could cleanse and purify hearts polluted by all worldliness such as filth, monstrosities, greed, agony. In addition, his hope that it may clear of his scrutinizing grief and remorse of the past days. Therefore, the deer had been engraved in his heart as the label of innocence. He watched intently until the deer sipped to its content and gradually disappeared to the far mountain ranges. He immediately returned to his work bench and worked on his first figure restlessly until the tenth day, without any plans or sketches, as it was already deeply engraved in his heart. Another figure was completed in six days. These figures were a representation of his soul and endeavours. From a certain point in time, they became his guardian angels whom filtered his heart and mind. He gave each of them a beautiful name. The older figure 'Erie', and the later figure 'Yuna'. The beautiful names were a representation of their meaning to him. He had habitually muttered to himself. However, Erie and Yuna became the vent of his suppressed emotions as well as current and previous state of mind, hence eradicated his sense of loneliness and remorse. Unconsciously, he came to enjoy life in the forest, as if the sunrays peeking through the green leaves had become his light. Like so, he found peace in his heart.

Erie and Yuna would sit side by side, but would quarrel every now and then.

"I'm prettier than you!"
"No way! I'm prettier!"

He'd feel a paternal sense of love and pride when he'd watch them quarrel. As if he doesn't want them to notice, he'd turn away and smile in happiness.

One time,

"Grandpa, I'm prettier than Erie, right? I have bigger eyes and a pointier nose···"
like so, Yuna hasted herself to excuses and flustered him. Then, he'd tell them that both are just as beautiful as the other. At the same time, he sympathised them that they could not see their own beauty.

"It would be great if they had a mirror…" he thought to himself.

Whilst pondering, he soon came across a thought.

"This is it! The water! The clear water of the creek! That could be the mirror."

He reminisced the reflection of the Sika deer at the creek, and approached Erie and Yuna.

"Erie! Yuna! Let's go to the creek! I'm going to find more birch–wood for my figures and show you a mirror!"

Before he could finish his sentence, they simultaneously responded as they joyfully exclaimed and latched to his hands, pulling him along.

"Wow!"
"Let's do that! You're the best! Let's go now!"

Outside, the afternoon sunrays beamed down, and cicadas cried like never before. Erie and Yuna were exhilarated.

He endeavoured through the deep forests with Erie and Yuna and reached the creek. Pristine water was trickling down the stream and the moss-ridden bed-rocks were moist. There was a small clear puddle in the shape of a round mirror, as if someone had trapped the water inside by leading the stream to an alternative route.

"Here, this is your mirror that you can see your beautiful faces. Look closely! You'll be able to see a reflection."

Erie and Yuna intently watched their reflection on the small puddle. He then tread into deeper woods to find a fallen birch tree which had fallen to storm last year. The weather in summertime was notorious for its dubiousness, making it impossible to foresee the forecast. Suddenly, darkness veiled the forest and a streak of lightning divided the sky with the deaf-ening thunder, and thick droplets from the clouds poured down heavily. Concerned of Erie and Yuna, he hastened to where they were.

"Oh dear!"

The streams he watched wiped the banks remorselessly in a flash and rapidly rushed down as if possessed by the demon's apprentice.

He instinctively bellowed,

"Erie! Yuna!"

Nonetheless, they were nowhere to be seen. He searched the weeds like a crazed beast. Then, moan for help resonated through the weeds. When Erie saw him, she desperately shrieked,

"Grandpa! Yuna was swept down the stream!"

Dumbfounded, he supported Erie to her feet and motionlessly gazed at the ruthlessly overflowing stream whilst calling her name softly.

Chapter 3

Ever since the loss of Yuna, he uses 'present in the

past' as a way of speaking. This evidently suggests that he relives the past as if present. He had lost all sense of time, thus the ability to regulate and maintain the opportunities and relationships given then because he was now residing in the past. This was an indicative flaw that he could only describe the past in perplexing ambiguous ways as his present. Above all, his inability to express his greatest extents of love left him nothing but regrets. Hence, guilt and despair tormented him, leading his heart to be overwhelmed with shadows of misery. Perhaps he would be compelled to spend an indefinite amount time of escapism from reality until a mere beam of sunray shines as hope to his soul. He shall be enslaved to such tragedy until a sense of reconciliation and revival of life sets root in his heart.

Chapter 4

In the first lines of his novel 〈Anna Karenina〉, Leo Tolstoy quotes "A joyous family is not too dissimilar from other joyous families, but a dispirited family has stories of its own distinguished from others."

Joyfulness and despondency are paradoxical concepts. Nonetheless, they both co-exist in a person's life in no particular order. Without doubts, most do not wish for the co-existence of both concepts; they would only wish for joyfulness to accompany their lives. However, the god of destiny has an unpredictable plan of its own. As time flows, happiness usually creates unforgettable moments of their lives, whereas sadness becomes the desolating past to ones with unique stories. Such a past is branded into the present; the potential despair deepens depending on the extent of traumatic pasts. This despair shares a high potency to trigger like a dirty bomb depending on the state of mind and environmental factors. Since Yuna's tragic disappearance, his depressed past emotions which were ever so uneasily layered erupted into life again. He'd been reminded of a great sculpture when he looked at his son Jay, although this was all in the desolating past. He watched Jay growing into maturity day by day, as if a sculpture would be carved into perfection. Jay was his precious son. The motive behind his relocation to the deepest of the woods was his will to erase of these devastating memories. As with Yuna, Jay had left his side at a promising age of seventeen. He has countless delightful recollections with Jay. Continuous laughter and happiness filled his house with joy. Jay had a special passion for the mountain ranges. On the summer of Jay's final year of middle school, his family took the train at dawn from Cheonan station headed towards Daejeon Station to track along the Gyeryong mountain walking trail. Jay giggled with his older brother as they shared each side of the earphones connected to a cassette player. As he watched his wife and children enjoy themselves, he fell trapped in a sense of contentment. Soon, the train had passed Sojeongri Station and was bound for Jeonui Station. On the emerald fields outside, the morning had just awoken from its sleep, yet veiled by the cotton sheet-like morning fog. A few moments later, the train arrived at Daejeon station, and a sign lead them to Gyeryong mountain, which reminisced a rooster's crest. When they reached the mouth of Gyeryeong mountain, Jay exclaimed in excitement,

"Wow! It's Gyeryeong mountain! Look at the mountain top! The mountain peaks look like a rooster's crest!"

He pulled his brother in front of him and pointed with his index finger, and the family motionlessly gazed at the peaks for a while. It was as if the peaks would cry out anytime,

"Cock-a-doodle-doo!"

Jay wore an azure visor, shorts, and a backpack. The father wore a cap that he wore on family sports day as well as shorts like Jay. Jay's mother wore a boater hat with shorts, and the older brother wore long jeans and a bucket hat. Geared as such, they were equipped at least as well as an amateur mountain trailer. With high ambition to conquer the top of the mountain, he began trailing the mountain with his family.

Chapter 5

At the creek, tents of all colours were spread out in different areas. Around the tents were topless young men cooking with colourful towels around their necks. A young couple sitting closely to each other, vocalising while playing the guitar added to the beauty of the scenery. When he had reached an upper part of the creek, a wide clear puddle stopped his tracks. There were flat bedrocks laying around it, and the puddle pictured a reflection of him and his family. The family decided to camp at this point and took out their cooking utensils to begin making lunch. They spent around half a day at this location, and to dine at such a location away from home meant an indescribable experience to them. A thought of accomplishment swept his mind since they could gather and converse together at such a place. More importantly, regaining the sense of community within the family was a larger achievement. Recently, the family was taken away from each other due to circumstances of their own. He himself had been occupied away from his family, his wife worn out by daily life, and the two sons had the burden of maturing away from the adolescent challenges on their own. Hence, they had been living in a conversation-less family instead of an affectionate one. A trip like such was the changing agent to their situation. Smiles and continuous laughter had once again blossomed within their family. After lunch, the family was determined to climb the Emperor's Peak, supposedly the highest mountain peak in the Gyeryeong mountain range. Was it called Emperor's Peak because the emperor literally descended from the heavens and visited the place? He was mesmerized at the mystique of it all. His wife excused herself from the opportunity by complaining that her legs were aching. Although this was annoyingly disappointing to him, he suppressed his emotions. He also had a strong passion for mountain trailing as a couple, but it'd be a futile dream to have if the health of his wife was not at an optimal state. As he pondered, he continued trailing with his two sons, looking gallant with few drinks and long towels around their necks. When the three of them reached the middle of the mountain, thirst worsened and they began to run short of breath as the trail got steeper and more challenging. There was bound to be a single whisk of wind, given that the forest was densely packed with tall trees. However, even the incessant ringing of the cicadas annoyed them more under the scorching heat of the summer. Embarrassment had no meaning to them at this point. He flung the thin shirt off his body and rolled up his pant legs as high as he could.

Jay and the older son had trailed way ahead of him.

Chapter 6

He laid himself on the ground like a fallen soldier. Moments later, the bellowing of the two sons travelled through the woods from the mountain tops. He gathered himself to continue, but had to take longer rest intervals as he could not travel more than a few metres at a time. This foreshadowed a failure to reach the mountaintop. At times, young men descending from the peak would pass on a word of encouragement, but he'd ask how much further he had to go to reach the top. Just as he was conflicting between the continual of his challenge or to admit defeat, his sons rushed down to their fathers' rescue. The older son descended down to his mother, and Jay supported and encouraged his father to reach the top. He could no longer concur to defeat. At last, he had reached the mountain top with his son. At the peak of the mountain, there were a forest of old trees with chunky roots, whom explained the innumerable wild storms they've withstood. In the middle, stood a pavilion, and by its side, stood a barren stone monument, marked 'The Emperor's Peak'. The roof of a temple within the mountains were screened by the fog. The soft white clouds over the top of the mountain added to the mystical beauty of the scenery. Sitting side by side with his son, they were drawn deeply into the abstractness. Then, looking up and down the scenery, a particular line from a poem came to him,

"I shall rise up to the sky the day I adjourn my journey on this earth."

At that moment, his heart was touched to ring, resembling the bells on the top of a medieval church resonating through and through.

Chapter 7

A person's destiny is one of two things: 1. Destined to live as the god of destiny planned, or 2. As the consequence of an impulsive decision made by the god of destiny. Must a person obey their destiny? Of course not, derailing from destiny is not a choice, neither would it be accepted be the god of destiny.

The battering truth is that a person cannot make their own choices. Then must people accept the assumption that they are merely the creation of god? Hence are humans born with an inevitable weakness? He asks himself such questions. Like so, he keeps questioning destiny itself. Why? It's probably because he was unsure whether to accept such an unpredictable death. He still denies the death of his child Jay. Who wouldn't question such a destiny if it involved tragic death by a hit-and-run accident of an intoxicated driver? Is it justifiable to accept death by simply believing it was god's plan? Up until this day, these thoughts stand in opposition in his heart with anger and resentment,even if it meant his adversary was under a question mark.

On the cold night of winter that he had heard the news, rain ceaselessly knocked on the windscreen of his car. He came to the catastrophic realisation that his prayers made speeding through the Kyungbu highway were futile. His wife was unconscious, the neighbours were blankly staring at each other. His wife had lost focus in her eyes when she notified him of his son's death in a trembling voice as he barely managed to walk to her with uncontrollably weakened legs. He could not hold his tears gushing out of his eyes.

Chapter 8

It was well past one in the morning when he arrived at Soonchunhyang Hospital, where his son Jay laid. Jay laid in the small cold box in the empty morgue room with his eyes and lips sealed shut. Tranquillity. Death.

"Dad I miss you. I'm going to go to Seoul tomorrow to see you…"

He remembered the words Jay said to him the previous day. He stood amidst excruciating pain of seeing his son's nonsensical death. Feeling that dramatic twist in life, clutching onto Jay's hands and crying out his name was no longer reality but just in his mere imagination. Blurring moments disabled him to even think straight as if a thick fog. It seemed as if Jay would get back up with a smile and a joyful expression any moment. But Jay was no less than cap-

어느 날 그의 아내는 그의 손에 이끌려 진시황의 서울전에 갔다. 이천삼백 년 만에 지하궁전에서 깨어난 진시황의 꿈과 유물들을 보기 위해서 세인들의 관심은 매표소를 향해 기다란 행렬로 이어졌다. 아내는 진시황 서울전을 슬픈 가슴으로 모놀로그monologue 하듯 감상하며 관람했다.

– 생전, 천하에 부러울 것 하나 없이 권세와 부귀영화를 한 몸에 지니고 향유하며 이 세상, 어느 곳도 거리와 조건 없이 찾아 나서 불로초를 구하려 했던 진시황, 그는 마지막 무덤까지 테라코타 병사들의 지하군단으로 그의 영혼을 지키며 청동 마차를 타고 현세와 영원의 세계를 연장시키려 했던 절대군주였다. 그러나 그러한 그도 결국은 죽어 없고 그의 영혼을 지킬 테라코타 병사들의 지하군단도 그의 영혼이 타고 갈 청동 마차도 흙냄새 흠뻑 밴 유물이 되었고 인간의 무한한 욕심의 표상으로 남았다. 정작, 인간이 죽은 후, 그 영혼을 위해 나팔 불며 지켜줄 천사군단과 천국을 향해 그 영혼이 타고 갈 황금마차는 하느님만이 예비하고 있을 건데… 어찌, 인간은 현세의 권세와 부귀영화를 영원의 세계로 연장하려는 착각 속에 빠져드는가. 거시적인 하느님의 안목에서 보면 그것은 일순간에 떠오르는 물거품이고 현세와 영원의 세계는 언제나 뒤바뀔 수 있는 하느님만의 섭리인 것을…….–

12

시간은 유수와 같이 참 빠르게 흐른다. 인간이 행복해서 즐

tivated by expressionless death. He could no longer find any liveliness nor the vivaciousness, Jay's death had only come back as a sharp arrow to his heart.

On the next day, Jay's older brother prepared a portrait of Jay in his favourite denim jacket and school bag. He lit the incense in front of it and watched it rise aimlessly. Perhaps it was a resemblance of Jay's soul and memories slipping out of his grasp.

Whilst gazing at the portrait, the father mumbled as if he read a monologue,

"Dear my son Jay, you've now dismembered the burdensome layer of physical incrustation. You are now free to travel the world filled with dreams of your own. Just like the lyrics that you often sang along to, our lives may indeed just be particles of dust floating in thin air. My beloved son, I cannot pull out the arrow the god of destiny has pierced so deeply inside my chest until I meet you again in heaven. Rest in peace."

It is a fated ending that a person lives a set period of time and leaves. In this cycle, emptiness, remorse, and fear are mere emotions that humans feel to death. When a child reaches death before their parents, the pain on the receiving end is no longer mere sadness, but agonizing pain, seemingly resolvable by following the death of their child. Jay was at an age where his growth, studies, and dreams had limitless potential until all above were abruptly and utterly stopped by such an ending. His father had observed Jay's growth by his side; he felt a sense of pride in doing so, as if he watched a great sculpture being mastered to flawlessness. These feelings and expectations were identical, if not greater from Jay's mother. Following Jay's sudden departure, Jay's mother was pushed to extreme ends of sorrow and pain, becoming completely deteriorated in both physical and mental states. The mother's diary scribes in detail of such emotions.

The first Mother's Day came around since the death of Jay; there were only grief and contrition.

– Jay, it must be daytime outside judging

by how brightly lit the window seals are. Today is Mother's Day, thus I'm overwhelmed with mixed emotions. My heart was always content and made me wish for nothing more. On the morning sermon of your 49th Day Ritual (A Buddhist ritual on the 49th day after the death of a person which is held in remembrance of them), the priest mentioned that we must be grateful for the half we have left rather than be resentful for the lost half. Yes, you are gone and no longer with us. We have your brother and I understand that we should cherish him. But because of our limitations as humans, your mother suffers from sickening and burning misery every moment of the day. I dearly wish for the day to come forth, the day where I could finally be with you again. However, your brother and your father also are tormented just as much as I am. Do not be distraught yourself and await me, dear son. –

Although Jay lives in the bottom of his mother's heart, Jay's mother intently stares into the rain outside as she waits for Jay's return. Perhaps the rain was also drenching her heart, making it heavier and heavier. Perhaps her heart was a sea of depressed emotions. Perhaps she traps herself on a stranded island between the waves of sadness and the heavy drenching rain of sorrows, wailing as if she were a deaf child, deprived of everything imaginable.

– Jay, it's raining outside. They remind me of my tears. Perhaps they're yours. It's pouring down as if one weeps in desolation. I am weeping as I am because my life was worthless in comparison to you. I lived a restless life because I wanted to gift you at least a single opportunity to express your fullest potential. I felt tireless back then because I could just imagine you rise to the top. However, every breath I take right now seems like a contradiction to my feelings. Jay, where are you? I miss you. I miss you like crazy. I'm stranded in the rain whilst I look for you. I feel as if my heart will burst. –

Chapter 9

It almost seems as if Jay could descend down to his family through the rain. Jay's mother desperately wants to dream of Jay. Probably because it is the only place she is able to meet him. However, she is not able to fall asleep. It seemed like she'd stake out all night awake, as an owl. Just like a miracle, Jay had appeared in her dreams when she briefly fell asleep at dawn.

– Jay, you returned to me at dawn in my dreams. I embraced your injured head and wept so much. 'How terrified and painful would it have been for you?' My heart melted in sadness and sympathy. 'Jay, I can cook beef bone soup for you, which will help you heal your injuries'. You said to me, "Mum, my memories have returned to me. The teachers at school will be amazed to see me. I think I can ace the maths test in August!" I replied, "Sure you will, may-be you can go to university next year.", to which you replied "Of course." With the smile you gave me when you were here. Even after I woke up, I stared up into the ceiling for a long time, wishing that this could be reality. Your father also dreamed of you. I'm certain that your spirit has returned to us. The afterlife! Jay, you're really here right? Your father and I always say this after your departure, "This is the end of our lives, but we should at least continue with our lives until our oldest son can live independently." How did this happen to us? Even now when I look at your old photos, I feel so sorry and heartbroken for you. It's raining outside just like the day you had to leave us. This sad, tormenting rain. -

Jay was born in Janghang, a small port town of the Yellow Sea. Amongst a warm-hearted family in Seo-nam Valley, he sprouted joy and peace, and learnt his first words and first steps there. Then after, he spent his childhood, school days, and a short adolescence period in Cheonan, leading up to his premature departure.

The Yellow Sea is where Jay's ashes were sprayed. Therefore, it became the depressing Silk River (River Styx in some cultures) for the couple. Here, they attempt to mend their broken hearts whilst waiting to recollect their joyous memories with their son. When it rains on the Silk River, it pierces through the surface, creating a small explosion of droplets, reminding them of Jay's smiles. The water levels rise to the brim of the riverbanks, where the seagulls aimlessly fly around. Jay's mother's heart is filled with nothing but sadness. Her tears trickle down endlessly and blur her vision. Sorrow enraptures her heart and mind like a fisherman's net, and her veins were filled with despair. Nevertheless, when memories of Jay reach her, she silently closes her eyes.

The Silk River was where Jay's father caught the Hwangpo boat from Naru Dock to the Port of Gun-san to go to school when he was around Jay's age. Back then, the Silk River was where Jay's father's dreams and hopes flowed along; whereas the same river had become the river of misfortune for him since his son's death. This river embeds Jay's smile on its afterimage, as well as the desperate prayers of his mother.

– Jay, your father and I took the train bound for Janghang to see you today. The Yellow Sea Dock! This is a sorrowful place to be for us, since this is where we sent you off at last. We left Seoul by train early morning and arrived here around noon. As we arrived, the high tide greeted us. Tears spilled out of my eyes so I could not see clearly. Among the tides, I thought I heard you call me, "Mum!" my voices were caught by tears and I couldn't speak a single word.

As I watched the tides, I carefully observed ripple by ripple as if I could pick through each of them to find you, but I could not find you anywhere, nor could I hear you voice. Jay, do you know the woeful state of my heart? At such an age where you should mature, study, and chase your dreams, the god of destiny hadn't even permitted a small extension of time for you! Did you not say you thanked the god? Well I resent him more than ever, but I am just a mere human being who has no choice but to hold onto him. Moments later, something remarkable happened. A big fish galloped out of the surface and drew a parabola in the air, then disappeared. After seeing this, your dad said that it might have been a sign from you. Then as if he were looking for another miracle, he couldn't take his eyes away from the water. If your spirit exists, you wouldn't ignore how desperate we are. You would have appeared before us in any form; your mother knows very well. You used to call me even if you were going to be home a tiny bit late. You used to enjoy being in front of people because you had an inherent positive and enthusiastic personality. We brought the cream-stuffed bread rolls, crisps, yaksik (a sweet Korean treat made with rice), and some drinks of your favourite choice. "Mum! How did you know I loved these?! Thanks mum! Thanks so much!" although I could imagine you saying these words and deliciously digging into your food, at the fact that this couldn't be reality, I could only drip my tears onto the food unwrapped in front of us. Your father saw this and gave a word of comfort, "We have our older son in this world and our younger son in the other, so don't be so disheartened." He's right about that right, Jay? You must be waiting for us, right? I miss you my son Jay! I long to hold you in my arms just once more. We will visit again if we miss you. Just like the high tides… –

Chapter 10

Jay's friend Sig was the one who made the Jay's parents start attending church. Sig became friends with Jay since the final year of their middle school. Sig had a strong character and was so academically potent that he ranked first in his class. Sig didn't make many friends since he was introverted and prideful. On the other hand, Jay made friends quite easily since he was a joyful and friendly character.

They became friends after an incident where Jay brought his skateboard to class. Although his classmates were eager to try his skateboard, Sig was even then, too proud to try it. Once, when they were playing tiggy (a game played among many children in different cultures) in class, Sig inadvertently tripped Jay by instantaneously lowering his body. Seeing the desk being pushed over as well as Jay, Sig's heart dropped. Fearful of any serious injuries, he approached Jay and helped him to his feet.

"Are you alright?"
"I'm fine, no worries."

Jay let out a smile and stood back up. Whilst observing Jay's state, Sig could evidently know that he was not alright. Around five centimetres of the pant leg of his jeans were ripped.

"Oh no, your jeans are ripped!"

Sig was overwhelmed with apology.

"Don't worry, it's fine. Ripped jeans are in trend

now anyways!"

Replying in this manner, Jay lightly patted sig on the shoulder with a smile. Since then, Sig started making more effort to befriend Jay, and they grew noticeably close. They'd travel to the Memorial of Independence with skateboards by their sides and rode on them in unpopulated locations. Jay and Sig also exchanged information regarding Rock and Pop music, and they listened to them together. Sig knew quite a broad range of information about those genres, but Jay was on another level. Jay had initially started listening to pop music to improve his English. Since the concern that Jay's academics would be affected by their relationship as it deepened, his parents at one point tried to distance them. These were common threads in adolescent friendships, but Jay's mother watched them discerningly, because they even met up at night times and were on call countless times of the day. Sig would also compliment Jay that he had the looks of Elvis Presley because of his fine outlooks and how tall he was, as well as the cheesy smile. Sig was also envious of Jay when he wore his Sea Cadet Corps uniform. Everyone is bound to have their unique characteristics. Sig too, had a distinguished decisiveness and a studious gaze about him. These were qualities that Jay admitted as the finest attributes among all. Perhaps this was the reason behind Jay and Sig's complementary relationship. Jay and Sig's friendship prolonged until high school. Despite being placed at different schools, their ardent friendship prevented them from floating away from each other.

In Sig's article titled 〈Path to the Moon〉, Sig portrays the feelings of their first meeting after Sig's admittance into his high school, like so:

– The Jay in front of me hadn't changed much from the Jay I had in mind. His magical capability to draw the other person to positivity, his easy-going, yet rightful temperament in resemblance of the afternoon sun; maybe the only difference is the intensity of these qualities… pitch black shoes, grey pants, and dark blue school blazer. The boy in the Sea Cadet Corps uniform had transformed into a new outlook with time as his changing factor. –

After being told of Jay's school activities such as

English Public Speaking Contests, English Drama Performances, and cheerleading, he wrote 'I have depicted Jay, who wears an impressive uniform embroidered with a gleaming gold chain, waving his arms and legs in front of his school mates.' Jay and Sig had stayed out in the freezing night of winter all night, sharing their worries on conflicts encountered as adolescents just days before Jay's sudden departure. Sig was perturbed by Jay's death more so than anyone else. He lit up the incense (sign of respect and condolences to the dead in Korean culture) and guarded Jay's memorial podium, as well as placing rosary beads in Jay's coffin when sending him off for good. Jay's comments that "Sig was the only true pal [I] he needed." Wasn't wasted in vain. In Sig's article 〈Path to the Moon〉, Sig ends like this:

– Jay winked at me as he smiled a cheesy Elvis Presley smile. I laid next to Jay. It was warm and comfortable, just like the autumn sunshine back at the Memorial of Independence. I closed my eyes and asked him, "Why are you here?" Jay playfully scoffed and replied, "Because I like you··· don't worry. I won't disappear. I'm still in your mind smiling at you. Don't be heartbroken. I haven't left. In your memories, in your heart, and on your path of life, I'm always with you." A smile spread across my lips and the reason of being inside me shone like a candle with a small, tranquil flame. –

Jay's mother was to be baptised. Candles in front of the altar were lit. A pristine holy shrine was prepared. When the priest in service robes gathered his hands together and prayed, the mystique of religion went under way.

'Lord, my heart is not suitable for you to reside in, but pass us on a message, and our souls will be reconciled.'

The hymns for Eucharist were softly carried through the cathedral. The bread and wine were remembered as the blood and body of Christ, hence shared among the believers. Jay's mother acknowledged the death of her beloved son through Christ. A cross was drawn with the holy chrism on her forehead, and she welcomed the body of Christ into her heart. Her spirits ran to the Lord, having deserted the torn heart and weary physical embodiment from worldly life.

'Dear benevolent Lord, please take me in your arms. Let my spirit be resurrected. There awaits the spirit of my beloved son. All powerful Christ, be empathetic to my Jay. He had mighty dreams and many things he wished to accomplish. He gave our family joy and serenity, and he shared friendship among friends. All mighty Christ, have sympathy for my Jay. He'd lived a life much too short here. Please take him under your wings from the gates of heaven and allow him to find eternal life and peace. Holy Maria, the one who sits with Christ himself, pray for me to be allowed to see my son Jay when I see Christ's gleaming face.'

– Jay, there was a ritual at church today. My Catholic name is Veronica. The nun allocated me a godmother who is incredibly stylish, beautiful, and intelligent. She is of age, but seems much younger. She's indeed too good of a person for me, as well as someone Iowe much to. I think she would have arranged a great godmother for you as well. Even when

I was being baptised, I was deep in your thoughts and tears seeped out. I prayed that you may be lead to God, and I shall learn how to pray so I could pray to your delightful life in heaven; until the day I die… since I've been paired with such a great godmother, I wish to follow her footsteps. However, my heart is still overflowing with grief since your absence. The grief deepens as good things occur in my life. How did I come to such misery from back then, where we used to be laughs after laughs? You were always the one to receive admiration of others because of your optimism and ability to instantly decide. I was always proud of you and had high hopes for your future. Please freely accomplish your dreams up in heaven. –

Chapter 11

After Jay's abrupt departure, his mother writes a diary entry every day, filled with grief. On empty lines, her barren heart, and the ink, her blood formed with despair, she drenches the diary with misery. Hence, the diary is to be opened to no one. The diary will only come to an end when the stains covering the diary dries back to normality. Who would read her grief enchanted diary? She writes every day without mistake. She writes unknowing of the fact that her blood will drain her out of life as she writes more.

A parcel sent by Mea arrived from Finland. Inside, sat a cassette tape with Jay's narration over pop songs, and a condolence from Mea.

-Dear Family Lah,

I wanted to write to you and tell how sorry I and my sister Heli are. It was real shock for us when we got to know that Jong-Si had died so terribly and he was so young.

I wrote letters with him for about a year and I learned to know him very well.

For me he was a real friend, my best penfriend.

I got to learn to know him as a glad, sympathetic, sensitive, reliable, a person with a sense of humor and very intelligent boy.

Maybe it is difficult to understand that we were very close friends even though we never met. But he was really important for us, and we couldn't help crying when we realizes that he is now gone. We know it is much harder for you, his family. So I wish you God bless and everything good. I know some-times it feels that there is no way to get out of his terrible sorrow but we can pray God to help us to get over this.

The troubles are to make us stronger. And memories are still alive, and life still goes on.

I'm sure that Jong-si wouldn't like us to live in sorrow for too long time.

It seems that there is no reason for his death so early but ways of God are not our ways. We never know when we have to die, so we must be ready ev-eryday.

I really admire your family. Without a great and lovely family couldn't grow up so unforgettable boy like Jong-Si.

Here are copies of two Jong-Si letters. Another is mine and the other is Heli's.

We wanted to keep his letters because they are im-portant for us.

Here is also the cassette which Jong-Si sended to Heli.

We recorded it for us too.

I wish you everything good and strength to get over this.

Sincerely yours

Mea.

Mea was a friend of Jay's that he'd made through being her pen pal for a year. Jay's mother had requested for them to send her Jay's cassette tape to create more memories of him. Hanley and Mea were invaluable friends to Jay. His mother had watched their friendship grow over time by his side. They were all dearest of connections that reminded her of her son.

She entered Jay's room, where there were his desk and photos. The past winter nights, she embroidered floral patterns on a plain white cloth and laid it over Jay's desk. She also placed a clear glass jar with a rose shaped ribbon on top, containing many origami cranes scribed with her prayers on the cloth. Although death was not an end, but just a stage in an endless cycle of eternal life, Jay's room lost meaning without him in it. It was rather the fact that Jay was once in the room, so indescribably precious to the mother's heart flaming with yearning for her son. And all sadness was bestowed upon the ones remaining.

One day, Jay's mother was lead into Emperor Qin Shi Huang's exhibition in Seoul. Interests of many resulted in a prolonged queue to purchase the tickets to see priceless relics and ambitions of Qin, that had been awoken from the underworld. Jay's mother viewed the exhibition in sadness, as if she were reading a monologue.

–Qin, who had nothing to be envious of, possessed all power and authority of his days, and travelled in search of the herb of eternal life regardless of any distance or conditions; he guarded his spirit even on way into his tomb and attempted to connect eternal life and reality in his bronze chariot, with innumerable terracotta soldiers. Nonetheless, even he was dead and gone, his terracotta soldiers who guarded his tomb, the bronze chariot for his spirit, became nothing but soil ridden relics, and stigmatized him as the label of continuous greed. In actual fact, the army of angels playing horns to protect the dead and the golden chariot for the spirit of dead would be prepared only by God··· why do humans mistake their worldly fortune and power to last through the eternal life? From God's macroscopic point of view, those were merely short happenings, as well as reality and the afterlife being completely interchangeable under God's control··· –

Chapter 12

Time flows as quick as clear waters flowing top down. It takes blatant disregard whether a person is joyful with happiness or agonized by mishap. It also doesn't care for any complaints made against time, whether or not people complain that time is too fast or too slow for them. Why do humans debate about time? They even formulate many reasons to blame time as an affecter. Time shows no reaction to countless lives being born, growing to maturity until being bed-ridden and finally reaching death. It only winds itself to one direction. In some instances, humans act as if time is in their possession by fitting time to their schedules and judges time by their re–

spective situations. Anyhow, time is not possessed by anyone, but flows undisturbed.

After Yuna had floated away, a new season was waiting for him at the break of autumn. Sunrays shone the woods without mistake, but could not light up his heart. He is deeply sighing at the fact that time is too pacey for him. He was unable to control his distraught emotions that kept peeking out, just like back then, his present of the past. He finds the birch leaves to have lost that lively evergreen shine from summer. He is nervously uneasy as if he'd already seen the greatest extents of beauty from the graceful autumn colours of the leaves until they become mere brown foliage. Then he wrongly assumes the enrapturing feeling as a foreshadowing of something ominous and forces it deeply inside his chest. Erie falls glum as she watches his haggard shape. If only she could haste him once again to respond to her meaningless contests with Yuna··· Erie grew dramatically quiet after the parting with Yuna. Until when did this have to persist? Erie is concerned at his irritations. She is only limited to act upon his behaviour. The fact that he dwells on the present moments of his past concerns her even more so. He was overwhelmed by the wretched thought that he had sent away Jay and Yuna. As the screeching of the bugs grow thinner in the evening, time only coerces him and Erie into a disconsolate autumn.

One day, a middle-aged scrap dealer who visited the cottage every once a month or so scampered up ten days ahead of due schedule. In a thought that something may have happened, him and Erie stared at him with an astounded expression.

"Hey, what's the reason you rushed up? It's not usually the time that you come around." He commented.

"Hey, have you seen Yuna?" Erie questioned along.

The scrap dealer silently unwrapped his shabby cloth. Erie's question was answered.

"Wait, isn't this Yuna?", he exclaimed in awe.

"You're right, it's her, but…" Erie also shouted, but soon, tears formed around Erie's round beautiful eyes and tears dribbled down both sides of her cheeks.

Not only was Yuna unconscious, but she was in such an unrecognizably damaged state. As he help–lessly stared at her, Erie shrieked,

"Grandpa! Quickly move Yuna into the room and treat her! My poor Yuna!"

Yuna, when moved into the room and having re–ceived a prompt first–aid treatment, she weakly let out a sentence,

"Grandpa, sister, I missed you."

Having said this, she feebly looked up at him and Erie. Other animal figures in the room called her name in their own unique voices and wept, as did him Erie. The scrap dealer who was quietly standing by her side also wiped his tears away with his rugged hands and swept his tangled bush–like hair.

He happily embraced Yuna and spun her around the room as if she were the prodigal son who re–

turned. Since the scrap dealer visited the cottage at least once a month and sold his works and bought his necessities from the market, he was like an uncle to Erie and Yuna. It was beneath the mud wall of a scruffy house where the scrap seller first found Yuna. Yuna was wailing at the time, while hoping for someone to walk by. She had floated downstream and stayed near the pond of this village. The village that Yuna had seen for the first time looked cosy and peaceful. During the day, people took their farming instruments to work at the fields, but children of Yuna's age were giggling while playing hopscotch. Each of them were dressed interestingly. A sapsal dog (a breed of shaggy coated Korean dog) was wagging its tail as it circled around them. Yuna wished to play with children of her age. Moments later, the dog ran up to Yuna. When she held out her hand to pat it, it started fondling with her with its paws. Then, it bit into her with its sharp teeth and toyed with her as if it were a piece of chewy bone. Yuna was scared and hurt. Yuna's face lit up crimson red from all the scratches on her face. She feared for her life, so she shouted,

"Grandpa! Erie!"

However, no matter however many times she looked around, they were nowhere to be seen. It was then that Yuna came to the realisation that she was all alone and felt loneliness to the bone. All the joyful memories whooshed past her mind as if it were a screen. When the day darkened, the dog left Yuna under the mud wall and scrammed back to its place. The night sky gifted Yuna with tiny beams coming from glistening stars. She wished to climb along the beams into the sky, but first, she more desperately wished to leave the place. A thin ringing of a bug resonated pitifully. The chilling wind wrapped Yuna and disallowed her to sleep until the break of dawn. In her brief dreams, she met her grandpa and Erie. All they did was sob in each other's embraces. Although she had a feeling that someone would come to her rescue the next day, she was only incessantly hassled by the dog, and kicked around like a soccer ball by the children she wanted make friends with. Yuna's body grew more and more ragged. She even felt a sense of betrayal to the children. Luckily, the dog strangely always put Yuna back under the same mud wall when dusk arrived.

Many mornings later, the scrap dealer visited the village. When Yuna saw him, she called him with all her might,

"Sir! Sir! It's Yuna! I'm over here!"

As the dog started dashing towards her. Staggered, the scrap dealer also threw down his trailer and bolted towards her.

Chapter 13

Yuna returned to her original state with his trained expertise and Erie's restless support. Erie and Yuna take care of each other as if the other were their own. Since they were the gorgeous Sika deer sisters once again, the small wooden cottage was replete with continuous laughter. Erie, Yuna, and his hearts were content with peace.

They went to the creek where Sika deer sometimes make appearance. The clear waters of the creek gracefully trickled down, and the small puddle on the side of the creek still had crystal-like water in it. Reflections of Erie and Yuna's pretty faces rose like two bright moons in a pitch-black sky. Then, his wrinkled face is reflected like a wavy postage stamp on a colour-faded parcel. When ripples arose from the water and their faces disappeared, their chuckling spreads through the woods, resembling how the marks of his past spread like the textures of finer wrinkles on his face.

Erie and Yuna sang in chorus. He closed his eyes and opened his eye imagination to see the horizon on the ocean. There were no ripples that he could see on the far side of the horizon. Then, he wished to see the ocean in his heart. The present of the past was in line with the sky as if it were a horizon. There, his fading memories that Jay had pictured were rippling like his fine wrinkles. The birch leaves shudder at the chilly breeze of early autumn, and thousands of thin sunrays penetrate the spaces within them to affix to his heart like pollen. His light beams from inside his heart. The pop song 〈Dust in the Wind〉 that Jay often sang along to were carried through the woods by the autumn breeze.

–I briefly close my eyes, but the moment is quick to leave. My dreams and hopes dapple past me and turn into mere dust in the winds. We are all dust in the winds. The same song from the past that is like a droplet of water in the ocean, all our deeds are completely erased on this land. We try to stay noted, but we are just dust in the winds. Do not hold obsession. There is nothing eternal between land and sky. Everyone and everything silently leaves without a trace. Would your wealth be able to buy a spare minute? Dust in the winds, we are all dust in the winds. –

He trailed out of the woods with Erie and Yuna, gradually descending down from the mountains, while reminiscing a section from the sermon during Jay's 49th Day Ritual Mass,

'We must be grateful for the half we have left rather than be resentful for the lost half.'

Between the white pillars of the birch woods on a mountain ridge yonder, there stands an elegant Sika deer, gazing below the mountains.

나동환 작가 시의 장르: 꽃사슴 인형의 눈으로 본 세상의 아름다움과 그리움을 향한 모티브

손근호 평론가

나동환 작가의 관조적인 시각은 현상학에서 보면 본질을 다시 존재의 위치로 돌려놓는 시도가 이 작품집의 의도이다. 작가와 꽃사슴 인형이라는 본질의 눈, 시각에서 세상을 바라보고 그의 문학적 상상력은 시와 수필 소설이라는 세 장르를 품어서 엮어낸 나동환 작가 생각의 단상이 그려진 그만의 작품집이다. 작가의 문학작품집의 출발선은 선철학적이며 우리의 행동과 존재를 받쳐 주는 완전한 세상, 즉 삶의 세계를 의미하는 현실에서 꿈과 그리움을 그려낸 작품집이기도 하다.

나동환 작가의 이번 작품집에서 시 장르에서 읽자면, 독자가 접근하는 가장 중요한 시선은 내적인 지향성을 가지고 현재와 과거 두 시점을 가지고 보면 보다 그의 작품집 시 부문에 접근하면 이해가 더욱 쉽다.

먼저 이 작품집 44페이지에 있는 「백담사 가는 산길」을 보자면 아래는 1행에서 11행까지 시 전문이다.

백담사 가는 계곡의 산길에
벽안의 한 소녀가
나에게로 다가와
눈에 무엇인가가 들었다고 하네
혀로 핥아내기도 하고
입김으로 훅, 불었지만
눈에서 빠져나오지 않는 꽃단풍
백 개의 옥빛 담에
곱게 드리워졌네
나는 백 담째 백담사에 이르고서야
내 마음속의 꽃단풍을 보았네

-「백담사 가는 산길」 전문

이 작품에서 벽안의 소녀는 파란 눈의 소녀, 즉 꽃사슴 인형이 파란 눈의 소녀이고 시적 화자는 작가 자신이 지각의 실제이고 그 지각은 제삼자의 속삭임이 입김이다. 여기서의 입김은 행복한

결과의 모티브인 것이다.

화자의 그 입김이 결국 화자의 눈에, 눈에서 빠져나오는 가을의 분신 꽃단풍이라고 시적 상상력을 배가 되게 한 작품이 작품이고, 꽃사슴 인형이라는 작품집의 제목처럼 전체 작품을 아우르는 시각이 바로 나동환 작가가 의도하는 것이다. 즉 현실 세상에 작가의 환희를 그려낸 작품이 이 작품이 의도하는 점이다.

나동환 작가에 에세이 장르:

이 작품집의 두 번째 에세이 작품이 「엄지손 끝마디가 아리다」이다. 이 작품은 수필적 자아 나동환 작가의 일상생활에서 벌어지는 아내와의 이야기를 그려내고 있다. 이 작품은 피천득이 이야기했던 수필의 정의, 수필은 난(蘭)이요, 학(鶴)이요, 청초(淸楚)하고 몸맵시 날렵한 여인(女人)이다.란 정의를 이 작품에서 수필/에세이로 명확하게 그려낸 작품이다. 자아의 오른쪽 엄지손 끝마디 아린 이유를 1년 전 아내가 사 온 식자재 마늘을 까기 시작하면서였고, 그 반면에 마늘에 대한 아내의 사고방식을 따르기로 한 자아의 생각과 이 수필/에세이의 도시 생활의 편리성과 시간의 단축성을 이야기하고 있는 작품이다. 능숙한 솜씨로 마늘을 까는 아내의 모습에서 수필적 자아는 다시 돌아보고 마음을 추스르는 시간의 틈을 보면서, 아내의 우직한 모습을 지켜본다. 아내는 어머니의 표상이라는 명제를 이 에세이에서 말하고자 하는 작가의 의도이다. 이 작품의 자아가 말하고자 하는 메시지는 음식을 만드는 과정부터 모든 과정이 아내와 어머니의 시간이 늘 존재하기 때문이라고 이 에세이의 끝을 맺고 있다.

나동환 작가에 소설 장르:

이 작품의 이야기는 전체 13부로 나누어지며 전개가 이루어지고 있다. 보통 시인의 손에서 이뤄지는 단편 소설은 이야기의 구성에 있어서 시적인 표현이 아름답게 묻어 있는 것이 이 소설의 장점이다. 이 이야기 줄거리는 노인 작가가 주인공이고, 꽃사슴 자매 인형을 만듦으로써 이 소설의 전개가 시작되는데, 그 앞에 배경 스토리를 1946년 노벨문학상을 수상한 독일 소설가 헤르만 헤세의 소설처럼 시의 맛이 깃든 이 소설의 전개가 시처럼 차분하고 아름답고 세밀하게 살을 붙여 놓았다. 주인공 노인 작가는 꽃사슴의 아름답고 고귀한 자태와 애수에 젖은 듯한 커다란 눈망울을 보는 순간, 꽃사슴에게 완전히 매료되었고 이야기는 구성의 맛이 한결 더 한다. 주인공의 눈에서 보는 이 매력적인 꽃사슴은 에리와 유나란 이름으로 새롭게 태어나고 스토리가 전개되어, 제이라는 아들이 교통사고로 죽음을 만나게 되고 그 죽음 앞에서 부부간의 애달픈 이야기와 제이와의 가슴 아픈 이야기가 이 소설의 줄거리이다. 나동환 소설 작가의 단편 소설은 극적인 이야기의 전개가 부드럽게 이어진 소설이고 소설의 주제가 명확하고, 소설의 발단과 결말이 정확하게 만들어져 있다. 또한 소설 속의 주인공이 되어서 나의 이야기를 하는 시점이 아주 부드럽게 묘사되어지고 있는 점이 장점이고 앞뒤 문맥의 전개가 더할 나위 없이 형태를 잘 갖추었으며, 특히 부로 나누어 장면 전개가 정확하여 독자들이 읽으면서 상상을 할 수 있는 점이

이 단편 소설의 장점이다. 보통 시인 소설가가 많은데 이 두 장르를 거친 소설 작가의 글은 소설에 언어의 살을 붙이는 데 일반 소설가와는 작품의 완성도는 타 기존의 소설가보다 월등히 낫다. 헤르만 헤세의 경우를 봐도 그렇다. 헤세가 시인이고 수필가이고 결국은 소설로서 빛을 본 덕이 그 덕이다. 시처럼 소설이 아름다운 이유가 그 덕인 것이다.

■ 작가의 변

소설 「꽃사슴 인형」에는 동화 같은 순수한 이야기들이 작품의 외연에 자작나무 숲 낙엽처럼 수북이 쌓여 있다. 그 이야기들 속에는 주인공, 노인 조각가의 격정적 슬픔과 애절한 그리움이 깃들고 그 충격을 최소화시키기 위한 그가 만든 꽃사슴 인형을 물활론적 대상으로 등장시킨다. 그는 꽃사슴 인형과 수많은 대화를 주고받으며 마음에 평화를 얻는다. 그리고 그는 끊임없이 자기 성찰을 한다. 그는 지난날, 지나친 슬픔과 그리움을 가누지 못한 죄의식을 가지고 있다. 그가 가정과 가족에게서 떠나 입산하고 난 후 세월이 흐른 어느 날, 그는 커다란 거울 앞에 서 있는 듯 일탈적 수치심과 순수한 자연을 도피적 피난처로 삼았다는 한 인간의 자기 모순성을 발견하게 된다. 또한 그가 그때의 현재적 시간을 완전히 통제하지 못했다는 극도의 상실감, 충분한 사랑을 베풀지 못했다는 죄책감과 자괴감에 깊숙이 빠진다. 그는 이러한 잠재적 보상 심리의 감정을 통하여 '잃은 반쪽보다는 남아 있는 반쪽을 더 소중히 여기고 감사해야 한다'는 값진 교훈을 얻게 된다. 그리고 사랑은 항상 현재의 가장 가까이에 존재한다는 사실도 깨닫는다. 그는 곧바로 오랜 산속 생활을 미련 없이 정리하고 하산한다. 자작나무 흰 기둥 사이로 빠끔히 내려다보는 예쁜 꽃사슴을 뒤로하고 결국 그는 사랑하는 가족의 품으로 다시 돌아오게 된 것이다. 찬란한 가을 햇빛이 그의 가슴속에서 환히 그의 빛이 되어 빛나고 있다.

생각해 보니 유독 지난여름은 열대성 무더위 이상 기후의 이변이었던 것 같다. 후텁한 폭염의 날씨가 우리의 심신을 너무나 지치게 만들었다. 이제 그토록 찜통더위로 두껍기만 했던 여름의 벽도 가녀린 소슬바람 한 가닥의 위력으로 여지없이 무너지고 말았다. 입추가 들고 처서가 들고 백로의 이슬이 맺혔다. 또 추분이 지났다. 가을벌레들의 울음소리가 완연히 가늘어지고 구슬퍼졌다. 그 가늘어진 울음소리가 자꾸 더 가늘어져서 먼 하늘에 흩어지고 있다. 코스모스, 들국화 등 가을꽃 향기도 그윽이 퍼져간다. 그렇게 가늘고 여린 것들이 나의 가슴을 서서히 슬프게 만든다. 그럴수록 나의 가슴은 더 가늘게 계절의 슬픔을 단호하게 자른다. 슬픔은 가느다란 가을의 현을 타고 흰 구름 속으로 스며든다. 지상의 모든 슬픈 것들이 가을 하늘에 이해할 수 없는 추상화를 그린다. 아! 가을은 정말 센티한 시즌이다. 이런 가을에 나의 소설 「꽃사슴 인형」이 시사문단에 당선되었다. 그 소식이 가을꽃 향기처럼 그윽한 기쁨으로 내 가슴속에 스며든다. 밝은 태양 빛이 방금 든 것처럼 내 가슴을 환하게 밝힌다. 그러나 나는 아직은 뒤뚱거리는 햇병아리처럼 글쓰기 걸음을 배우고 있다.

앞으로 독자의 입맛에 맞는 다양한 이야깃거리를 찾아봐야겠다. 그래서 한 올 한 올 색실로 정성스레 피륙을 짜듯 문학적 가치가 가을꽃 향기처럼 그윽이 퍼지는 그런 소설을 쓰고 싶다. 나의 소설은 여러 가지로 부족한 점이 많다. 그런데도 기꺼이 선정해 주신 심사위원님들과 시사문단에 깊은 감사를 드린다.

나동환 작가 약력

·충남 서천(한산면 구동) 출생
·금성 초등(국민)학교 졸업
·한산 중학교 졸업
·군산 고등학교 졸업
·공주교육대학교 졸업
·한국 방송통신대 3년 편입 및 졸업
·경희대학교 교육대학원 졸업
(교육행정 전공. 교육학 석사)

〈문학분야 활동〉
·월간 『순수문학』 시로 등단 2000
월간 『문학세계』 시로 등단 2001
·월간 『시사문단』 소설로 등단 2018
·한국문인협회 회원
·국제 펜클럽 한국본부 회원
·세계 계관문학협회 회원
·세계 문인협회 회원
·한국 공간문학 회원
·순수문학인협회 부회장
·분수시 동인 회장
·예띠시 회원
·서대문 문인협회 회원
·한국 시사문단 작가협회 회원 2018
·빈여백 동인 2018

〈문학분야 저서 및 수상〉
·『하얀 목련 앞에서』(순수. 시집) 2002
·『빨간 장미와 흰 나비 떼』(순수. 시집) 2003
·『한강의 삶』(공간. 대표시선) 2003
·『네 영혼의 화살』(사철나무. 문집) 2004
·『예쁜 무늬 박힌 커튼』(천우.문집) 2006
·『모란이 피기까지는』(순수.영랑문학상 엔솔러지) 2007
·『달빛 창 하나』(천우. 소설) 2017
·『한국을 빛낸 문인』(천우.명작선) 2017
·『하늘비 산방』(천우. 동인지) 2017

·『꽃사슴 인형』(그림과 책. 소설) 2018
·『빨간 끈 펜 흰 운동화』(그림과 책. 소설) 2018
·신인상(순수문학, 문학세계) 수상 2001
·영랑 문학상 수상 2002
·통일문학상 수상 2002
·경기교육 노래 작사상 수상 2003
·세계 계관문학상 수상 2003
·제15회 풀잎문학상 대상 수상 2018

〈교육분야 활동〉
·한국 교육학회 회원
·한국 교육행정학회 회원
·한국 교사연구 협의회 회원
·한국 영재교육학회 회원
·전국 초.중고 교원 논문 심사위원
(교육부.한국교육학술정보원)
·경희대 교육발전 연구소 상임연구원
·소현초등학교 교장
·옥교 발전교육 연구소장(현)

〈교육분야 저서·논문 및 수상〉
·『교육행정 및 교육경영론』(형설출판사)1992
·『생활 예절교육』(문화사) 2003
·『교육조직 발전론』(문화사) 2005
·『교육행정, 교육경영』(형설출판사)2016
·『교장의 지도성 유형과 상황통제력 및 교사의 직무만족 간의 관계』
(최우수 석사논문.경희대 논문집) 1987
·『학교 장학의 선택적 접근과 발전방향』(경희대 교육발전 연구소 논문집) 1997
·『학교 조직의 인간자원론적 장학변인과 기술』
(경희대 교육발전 연구소 논문집) 2000
·『교육개선의 기본방향』(교육연구) 2001
·『학교장 지도성의 상황론적 접근』(교육관리)2004
·『예절국민의 인간윤리』(옥교 발전교육 연구소) 2015 외 다수
·교육장, 교육감, 교육부 장관상 수회 수상
·교육연구 논문상 1등급 외 다수 수상
·교육관련 단체장 표창 및 공로상 다수 수상
·홍조 근정훈장 받음 2006

그림과책 시선 182

꽃사슴 인형

초판 1쇄 발행일 _ 2018년 10월 25일

지은이 _ 나동환
펴낸이 _ 손근호

펴낸곳 _ 도서출판 그림과책
출판등록 2003년 5월 12일 제300-2003-87호

03030 서울 종로구 통일로 272, 210호(송암빌딩)
도서출판 그림과책
전화 (02)720-9875, 2987 _ 팩스 (02)720-4389
도서출판 그림과책 homepage _ www.sisamundan.co.kr
후원 _ 월간 시사문단(www.sisamundan.co.kr)
E-mail _ munhak@sisamundan.co.kr

ISBN 978-89-94753-81-2(03810)

값 15,000원

이 도서의 국립중앙도서관 출판예정도서목록(CIP)은 서지정보유통지원시스템 홈페이지(http://seoji.nl.go.kr)와 국가자료공동목록시스템(http://www.nl.go.kr/kolisnet)에서 이용하실 수 있습니다. (CIP제어번호 : CIP2018032674)